Walter Braun

Leadership Hacks

Walter Braun

Leadership Hacks

16 Anstöße zum Meistern von Komplexität und Agilität

Trainerverlag

Imprint

Cover image: www.ingimage.com

Publisher:
Der Trainerverlag
is a trademark of
International Book Market Service Ltd., member of OmniScriptum Publishing Group
17 Meldrum Street, Beau Bassin 71504, Mauritius

Printed at: see last page
ISBN: 978-620-2-49471-7

Gliederung

Steigbügel zum Einstieg in ein individuelles Leadership 3

Arbeit

1 Im Schleudergang durchs Arbeitsleben? Ein Plädoyer für mehr Bewusstsein 5

2 Wandel halt an: wir müssen nachdenken! 10

3 Der Disruption den Schrecken nehmen 14

4 Denkfehler der Personalentwicklung und wie man sie korrigiert 17

5 Drei Gründe, warum von Schnelligkeit in einer komplexen Welt nix zu halten ist 20

6 Der Mensch ist das Maß – kein Algorithmus kann Seele 23

7 Was dem Umbruch zum Durchbruch verhilft 28

Leadership

8 Arbeit 4.0 ruft nach Renovierung der Führung 32

8.1 Führung ist nichts für schwache Nerven 33

8.2 Arbeit 4.0, ja gut! Aber wo bleibt die Kultur dafür? 34

9 Die schöne neue Welt: Benchmarks oder Pain Points? 40

10 Transformation allerorten – hat Führung jetzt ausgedient und was tun mit der Komplexität? 44

10.1 Was tun, wenn der Komplexitätsdruck zunimmt? 44

10.2 Welche Rolle übernimmt die Führung 47

Komplexität

11 Wir können Komplexität nicht aus der Welt schaffen, aber uns darauf einstellen 51

12 Das Meistern von Komplexität ist möglich 55

13 Warum altes Denken bei Komplexität versagt 61

14 Denkfallen erkennen und umgehen 63

Selbstführung

15 Ohne Selbstführung bleibt die neue Arbeitswelt die alte 71
15.1 Wie Rahmenbedingungen zum Umdenken zwingen 12
15.2 Warum Selbstführung unverzichtbar ist und nichts mit Optimierungswahn zu tun hat 73
15.3 Vernunftappelle durch Luststrategien ersetzen 76

16 Führung durch Selbstführung: die Antwort auf die gewandelte Arbeit 80

Literatur 86

Steigbügel zum Einstieg in ein individuelles Leadership

Geschäftsmodelle, Strukturen und Führung unterliegen seit jeher einem steten Wandel. Noch nie allerdings war dieser so dynamisch und revolutionär wie gegenwärtig. Die Koordinaten für Maß und Ziel weichen auf. Und kein Ende in Sicht: Ganze Firmen und Branchen werden umgekrempelt. Arbeitsabläufe auf den Kopf gestellt. Organigramm-Kulturen weichen kollaborativen und Gewissheit Ungewissheit. Was gestern noch vertraut war, ist heute bedeutungslos. Ego-Optimierung verdrängt Gemeinschaftssinn. Schwierigkeiten sind Chance und Risiko. Risiko, grandios zu scheitern und Chance, neue, unbekannte Wachstumsperspektiven zu finden.

Ohne ein hohes Maß an Eigenverantwortung und Reflektiertheit, ist der Transformationsdruck nicht zu schaffen. Dafür braucht es keine skillgetrimmten Hierarchen, sondern integrierende Teamplayer, die nachdenken und querdenken bevor sie entscheiden. Kurz: die einen neuen Denkstil und persönliches Leadership praktizieren.

Der radikale Bruch mit der Rezeptur der Vergangenheit, ist der Beginn des Aufbruchs. Vor diesem Hintergrund sollen die 16 Anstöße neugierig machen auf ein anderes Bewusstsein und Denken. Im Stil von Hacks greifen sie in die Routine der Wenn-Dann-Mentalität einer Führungskraft ein, unterbrechen die übliche Gewissheit des Gelingens und öffnen den Blick auf die notwendigen Human Factors eines Paradigmenwechsels.

Da Vieles mit Vielem verknüpft ist und die Handlungsspielräume jedes Einzelnen so groß wie noch nie zuvor sind, zwingt es Leistungsträger zum Umdenken und zum persönlichen Leadership. Die 16 Denkhilfen adressieren die Domänen Arbeit, Leadership, Komplexität und Selbstführung. Keine Rezepte, sondern Reflexionen von Verhaltensoptionen. Jeder Kurzartikel hat nicht mehr als vier bis acht Seiten, steht für sich, hat zwar Berührungspunkte zu den anderen, löst aber unabhängig von diesen die Eigenreflexion und das Selbstlernen aus - unterstützt von gelegentlichen Provokationen, kritischen Sichtweisen, lockerem Schreibestil und Beispielen aus der Praxis.

Versprochen, Sie

+ sensibilisieren sich für die Übernahme von Verantwortung in einer sich rasant verändernden Arbeitswelt,

+ erkennen relevante Pain Points einer neuen Denkhaltung,

+ begreifen die Auswirkungen von Komplexität und die Bedeutung von Strategien für den Umgang mit disruptiven Anforderungen,

+ erarbeiten sich die notwendigen Voraussetzungen zur Reflexion Ihrer persönlichen Ressourcen und zur Selbstführung

+ finden innovative Vorgehensweisen und Methoden, mit denen Sie den Paradigmenwechsel der Wirtschaft für Ihren Bereich gestalten können und

+ verstehen im Grundsatz, wie Menschen im Wandel funktionieren und was den Unterschied zwischen Selbstführung und -optimierung macht.

Gerade in Zeiten der Veränderung sind kontinuierliche Selbstreflexion und -entwicklung Zukunft sichernde Aktivitäten. Der Mensch ist, was er ist: zu allem fähig. Auch zum Brechen von Tabus im Denken und zum Akzeptieren von Glück, Demut und Zufall. Er muss nicht dem Götzen des schnellen Erfolgs frönen oder der Selbstvermessung. Genauso wenig dem Beharren auf gestrigen Erfolgsrezepten. Er kann fast alles neu denken und lernen, wenn er sich vom Dogma der Erfahrung und des Müssens befreit und fei nach Welzer (2013) „selbst denkt".

Mögen die folgenden Seiten Sie für Ihre persönliche Agenda inspirieren und proaktiv eine selbstbestimmte Kompetenzentwicklung bei Ihnen auslösen!

Von ganzem Herzen wünsche ich Ihnen Erfolg bei Ihrem mentalen Paradigmenwechsel!

Ihr Walter Braun

1 Im Schleudergang durchs Arbeitsleben? Ein Plädoyer für mehr Bewusstheit

Die aktuelle Gesellschaft ist im Wesentlichen durch eins charakterisiert: Geschwindigkeit. First Mover und Fast Follower sind Strategiemarken, die die Grundlage von Ruhm und Ehre sind. „Schneller als die Konkurrenz" tönt die Fanfare der leistungsgestimmten Elite, die dafür den Preis schlafloser Nächte und innerer Leere zu zahlen bereit ist. Höher, schneller, weiter steht unversöhnlich demütig, umsichtig und überlegt gegenüber.

Licht und Schatten der Moderne

Nie zuvor in der Menschheitsgeschichte wechselten öfter Arbeitnehmer ihre Jobs, Liebespaare ihre Partner und Berufe ihre Bedeutung. Kurzlebigkeit ist zur Normalität geworden. Junge Leute quälen sich nicht mehr mit langen Texten, sondern zelebrieren eine exzessive asap-Kultur. Eine epidemisch verbreitete WhatsApp-Community palavert im Sekundentakt Belanglosigkeiten und huldigt Katzenvideos mit geradezu kindischer Exaltiertheit. Genuss jetzt und nicht morgen! Eine Mentalität des Haben Wollens und dalli dalli kennt keine Impulskontrolle. Vorgesetzte favorisieren lieber schnelle als langfristige Erfolge. Shareholder erwarten schließlich Gewinnmeldungen, keine -warnungen. Und Mitarbeiter planen ihre Meriten auf Kosten anderer. Optimierung auf Teufel komm raus. Das hat natürlich Konsequenzen: Mit den Effizienzgewinnen steigt der Sinnverlust. Wenn Schnelligkeit Vergangenheit auffrisst und Zukunft ignoriert, fehlen Koordinaten zum Innehalten und Querdenken. Andererseits: Digitalisierte Prozesse füllen den Renditetopf, disruptive Geschäftslogiken festigen spürbar die Zukunftsfähigkeit. Ja, selbst Macherkulturen weichen gelegentlich kollaborativen Arbeitsformaten und Experimentierfreude wird mit Positionsgewinnen belohnt. Alles gut! Oder? Nicht so ganz.

Das hohe Maß an Macher- und Individualisierungskultur gibt Psychopathen und Alpha-Männchen freie Bühne oft zu Lasten eines dauerhaften Erfolgs und der Krisenresilienz. Selbst die Weltordnung gerät aus den Fugen, wenn irre Egomanen auf ihren Machtsesseln trotzig um die Wette zwitschern. „America first" wird zum Synonym für eine entfesselte Ich-Ideologie und Ellbogenmentalität. Der Egoismus von wenigen lähmt jeden Arbeitsprozess und treibt die vielen anderen in tiefe Verzweiflung. Die Gruppe verliert trotz Kollaboration an Synergiewirkung und ihre adaptive Kompensationskraft zum Ausgleich von Schwächen.

Depressive Störungen sind laut Techniker Krankenkasse 2015 um 69 % gestiegen. Der Schlafforscher Weeß (2016) schätzt einen jährlichen Verlust der Volkswirtschaft von 26 Milliarden Euro infolge von müdigkeitsbedingten Arbeitsunfällen, Fehlzeiten und Produktionsfehlern. Eine Forsa-Studie deckte 2017 auf, dass mehr als die Hälfte der Deutschen nicht einmal am Wochenende hinreichend entspannen kann. Die Flut von leistungssteigernden Präparaten katapultiert die Pharmaindustrie in schwindelnde Umsatzhöhen, frisst aber langfristig ihre kurzfristig stimulierende Wirkung auf. Ich-erschöpfte Menschen tun keiner Wirtschaft und Gesellschaft gut.

Fremdbestimmte „Selbstverwirklichung"

Der permanente Schleudergang des Erfolgsmotors unterdrückt jedes Nachdenken über Sinn, Werte und Authentizität. Funktionieren ersetzt Experimentieren und suggeriert Zuversicht in die eigene Wirksamkeit. Man hat's zu was gebracht. Ach ja, gescheiterte Partnerschaft, verhaltensauffällige Kinder, Herzrasen und Magengeschwüre. Sei's drum! Wer hat die nicht, schließlich sind das die Trophäen der Erfolgreichen. Selbstoptimierung hält den Glauben an sich aufrecht. Gadgets melden sinkenden Blutdruck und die Temperatur im Haus - eingeleitete Maßnahmen inklusive. Paradoxerweise gaukeln sie Selbstbestimmung vor, entfremden aber zunehmend den Nutzer von sich selbst. Fällt das Gerät aus, ist die Panik groß und sein latentes Sucht-potenzial sichtbar. Die individuelle Freiheit zur Selbstoptimierung betrachtet der Gesellschaftsphilosoph Sandel von der Harvard University als Ursache eines hemmungslosen Konsumierens, das den Gemeinsinn erodieren und Bürger zu „entmächtigten Opfern" ihres Erfolgs werden lässt. Big Data Konzerne wissen, wer wie lange wo sich aufhält. Sie kennen Schwächen, Vorlieben, Wünsche und Geheimnisse ihrer Kunden, von denen diese selbst kaum etwas ahnten. Der Mensch die Summe aggregierter Daten und Objekt unbekannter Algorithmen – grauslich schöne neue Welt.

Nun ist es nicht so, dass dieser toxische Lebensrhythmus den Getriebenen unbekannt ist. Es ist ihm nur schwer beizukommen. Menschliche Neugier, faktische Verfügbarkeit, nützliche Praktikabilität, entlastende Gewöhnung, leichte Verführbarkeit und die Phänomene der Massenpsychologie ersticken das korrigierende Nein-Sagen und nähren signifikant die Bereitschaft zum getunten Verhalten. Der nächste Schleudergang ist gewissermaßen schon vorgegeben. Das Tröstende findet sich allenfalls in guten Vorsätzen, die aber pflastern bekanntlich den Weg zur Hölle.

Reflexion als Dauerauftrag

Evident sind die Folgen. Eine Reihe von Studien belegt die von Rosa 2005 vorgelegte Theorie der sozialen Beschleunigung. Menschen, die Arbeitsverdichtung, Zeitknappheit und rasante Technologiefortschritte in ihrer Realität erleben und als Belastung bewerten, neigen zu depressiver Verstimmung, emotionaler Erschöpfung und sozialer Isolation. Der Sprachwitz wird Realität: „Wer schneller lebt, ist früher fertig“

Es ist Zeit, das zu begreifen, und menschengerechte Arbeits- und Lebensformate zu etablieren, ohne den Fortschritt zu behindern. Techniken und Technologien sind nur die Keilriemen für das Höher-Schneller-Weiter-Dogma. Erst ihr unbewusster und unreflektierter Gebrauch ist die Ursache des Phänomens Geschwindigkeit. Auch Untergangsgeschrei und Zukunftshymnen adressieren nur Maschinen-stürmer und Disruptionsnerds. Um diese Lautsprechergruppen geht es nicht. Die Gesellschaft braucht vielmehr Menschen, die ausgewogen bewerten. Die zum Gelingen ihrer persönlichen Reifung dadurch beitragen, dass sie Vorteile Nachteilen gegenüberstellen, Wirkmechanismen und Abhängigkeiten erkennen, Positionen von Interessen scheiden, vom Ende her denken und einfachen Antworten skeptisch gegenüber sind.

Schnelligkeit ist kein Gut an sich. Erst im Kontext von Begründungen findet sie ihre Berechtigung. Ist sie etwa erforderlich, weil Zögern unwiderruflich eine wichtige Chance verhindert? Oder ist sie eine impulsgesteuerte Reaktion auf eine belanglose Aufforderung Dritter? Dabei sein zu wollen, eine Rolle zu spielen, Geltung zu erfahren sind mächtige Antreiber: so sehr, dass Facebook & Co ihren Datenhunger von ihren Nutzern bereitwillig unterstützt erst richtig ausbreiten konnten. Zusammenhänge erkennen, setzt Lernen voraus. Ein Lernen bei dem man sich beobachtet und sein Denken reflektiert, um herauszufinden, was Sinn gibt und welche Muster beim Fühlen und Denken auftreten, wenn man etwas aufgibt oder beibehält. Illusorische Wünsche werden ebenso bewusst wie das zufriedene Grunzen des inneren Schweinehundes.

Die emotionale Bewertung der Wirklichkeit legt Lust und Unlust frei, die oft intuitiv zum individuellen Verhalten in spezifischen Situationen verführen. Wenn sich erst Fühlen und Denken verändern, verändern sich auch Situationen, mit denen wir tagtäglich zu tun haben. Technische Errungenschaften konvertieren dann vom Brandbeschleuniger zum praktischen Gehilfen. Sie nützen dabei nicht mehr nur theoretisch, sondern auch praktisch. Google etwa verkürzt Rechnerzeit und schafft den Freiraum, die gewonnene Zeit für sich zu nutzen und nicht weiter mit fremdbestimmten Aktivitäten zu verdichten, wenn man das von Herzen möchte und sich darauf konzentriert.

Mit Selbstführung der Selbstentfremdung vorbeugen

Die Angewohnheit, alles aufzuschieben, pausenlos push-up Nachrichten auf dem Handy abzurufen und überall dabei sein zu wollen, kann man loswerden, wenn man sich konkrete Ersatzhandlungen vornimmt: z. B. Wichtiges sofort erledigt, dem Treiben der Vögel mit stiller Freude folgt oder bewusst eine nur mäßig interessante Einladung absagt. Es ist ein Leichtes, sich an Kleinigkeiten zu erfreuen. Man muss es nur zulassen und die angenehmen Gefühle dabei genießen, um es dann immer öfter zu tun. Von der antreibenden Hektik zu lassen, ist nichts weiter als Laune machende Alternativen zu entdecken. Einmal Beine hochlegen kompensiert 1000 Likes. Öfter darüber nachdenken,

+ was zählt für mich wirklich,

+ was macht mich glücklich und

+ wie schaffe ich den Sprung zu mehr Lebenszufriedenheit

lässt Antreiber & Co ins Leere laufen und stärkt die inneren Ressourcen wie etwa Optimismus, das Empfinden von Selbstwirksamkeit und Authentizität.

Diese Form der Selbstführung bedeutet hartes Arbeiten an sich selbst und ist mit Anstrengung verbunden. In den meisten Fällen geht es darum Gewohnheiten aufzugeben und Denkhaltungen zu korrigieren. Nach dem Muster, „Das Neue ist der Feind des Alten", wehrt sich unser Inneres vor Veränderungen zumal man noch nicht vertraut ist mit den erforderlichen Alternativen. Bevor es sich der Gefahr des Scheiterns aussetzt, will es vom Nutzen überzeugt sein. Genau darin liegt die Tür zur Überwindung von Trägheit und Impulsen.

Wir müssen anfangen, an kleinen Beispielen zu üben und Erfahrung zu sammeln. Mit Entspannungstechniken, Emotionskontrolle, Vorsatzbildung, Selbstmotivation und Impulskontrolle können wir dazu kommen, mit maximaler Zufriedenheit Alternativen aufzubauen und ein weitgehend selbstbestimmtes Leben zu führen – und bewusst technische Unterstützung hier zu nutzen und dort nicht, hier Gas zu geben und dort zu bremsen, hier Ja zu sagen, dort Nein.

Reflektierte Selbstführung schafft Kompetenz, Verantwortung für das eigene Tun und Lassen zu übernehmen. Sie emanzipiert Menschen von den Einflüsterungen Dritter und erleichtert ihnen trotz Unsicherheit für das unaufgeregt einzustehen, wofür sie sich entschieden haben. Sie handeln im Einklang mit sich selbst.

So entsteht eine Gelassenheit, die die Liedermacherin Joana mit unnachahmlichem Kurpfälzer Charme auf den Punkt bringt: „...lebscht gebremst oder lebscht dsl, am End vun de Nacht werds doch widder hell...!".

2 Wandel, halt an: Wir müssen nachdenken!

... oder wie man dem Transformationsdruck mit Szenarien seinen Schrecken nehmen kann.

Strategiedebatten und -definitionen sind zwar keine Dauerbeschäftigungen, insbesondere nicht im Mittelstand, aber zur Anpassung und Gestaltung von Geschäftsmodellen notwendige Routine. Soweit also Alltag. Ja, wenn nicht der Wandel so rasant und der wirtschaftliche Druck so groß wären: Prototypen purzeln mal schnell aus 3D-Druckern, Gussteile aus Fernost sind für einen Bruchteil der eigenen Kalkulation zu haben, Agilität bedeutet nicht nur Schnelligkeit, sondern flexible Arbeitsstrukturen und dezentrale Entscheidungskompetenz. Was eben noch hip war, ist jetzt schon vergessen. An mutigen Szenarien über die künftige Positionierung des Unternehmens kommt kein Verantwortlicher mehr vorbei, will er nicht die jahrelangen Investitionen in die Marktbehauptung unwiderruflich verbrennen und schnelleren Marktteilnehmern nachhetzen.

Alles hat seine Zeit

Auch eine zügige Neupositionierung an sich ist ja nicht besorgniserregend. Besorgniserregend ist allerdings, und das ist die Herausforderung, dass sie in einem komplexen, unvertrauten Rahmen stattfindet. Herausfordernd ist es auch deswegen, weil Menschen gerne unter solchen Bedingungen frühere Konzepte und Strategien einfach nur fortschreiben und wie der Teufel das Weihwasser scheuen, Vorgehensweisen und vertraute Erfolgslogiken infrage zu stellen. Warum auch, es war bisher alles bestens und die kleinen Unwägbarkeiten bitteschön, die kann man doch auffangen. So dachte man wohl bei Kodak auch als dieser Zelluloidgigant mit der Welt der digitalen Fotografie konfrontiert wurde. Heute ist er Vergangenheit. Auch die stolzen Autobauer nebst Lieferanten sind erst jüngst aufgewacht, als schon die ersten Nichtautobauer-Autos serientauglich unterwegs waren und den Ingenieuren ihre Selbstvergessenheit und Detailverliebtheit um die Ohren schlugen. Die alten Reflexe taugen für neue Erfolgsgeschichten nicht mehr: Da etwas edlere Haptik des Interieurs, dort etwas mehr Drehmomentoptimierung oder noch skalierungsfähigere Plattformen, sind mutlose Kosmetik und die Flucht ins tröstende Detail. Zum radikalen Umdenken zwingen gewandelte Mobilitätsanforderungen und unkonventionelle Wettbewerber, nicht jedenfalls traditionelle Technikfaszination.

Dort, wo die Datentechnologien und -techniken sich vom Menschen emanzipieren, ihn zum Zuarbeiten degradieren, helfen kein „Weiter so“ oder Jammern. Robots übernehmen immer mehr den größten Teil einer

Wertschöpfungskette. Und das nicht nur in der industriellen Arbeit, sondern auch in Medizin, Pflege, Personal etc. Damit das aber richtig konnotiert wird: Digitalisierung ist dabei die geringste Herausforderung. Sie ist nur die Technologiefolge zur Optimierung von Prozessen. So wie der Übergang vom Rechenschieber zur Tabellenkalkulation, nur atemberaubend schneller. Digitale Geschäftsmodelle sind die Denkfelder und Justierflanken für eine Arbeit 4.0, die aus der Industrie 4.0 Debatte heraus die Inhalte und Ziele bestimmen.

Äußerer Druck ist kein guter Impulsgeber

Für verantwortliche Inhaber und Manager entsteht zunächst daraus die Verpflichtung, zu verstehen, dass Technologien mit den sozialen und biologischen Welten der Unternehmen verschmelzen und diese früher oder später dominieren werden. Studien der London School of Economics zufolge werden in den nächsten Jahren über die Hälfte der Jobs von Algorithmen und ihren Trägern, den Robotern übernommen. Nur welche, wo genau und wie? Klarheit heißt das Mantra einer aufs Messen fixierten Managementideologie, die ihre Sicherheit aus Wenn-Dann-Beziehungen gewinnt. Und dies taugt für eine komplexe Welt nichts mehr. Man weiß nicht, was sich wie ändert. Aus stabilen werden begrenzt instabile Marktsysteme. Wer da nur handelt, wenn er sicher ist und weil er muss, wird schnell die Puste verlieren. Experimentierfreude und tiefe Überzeugung befeuern und nähren die Ausdauer.

Wie kann man auf solche nie dagewesenen Anforderungen aber reagieren? Nicht jedenfalls mit Blaupausen und Fortschreiben des Alten oder Delegation an Fachabteilungen. Eher mit tiefer Einsicht der Unternehmensspitze in den Sinn von neuen Handlungsoptionen. Etwa:

- Teilen und Verketten unterschiedlicher Erfahrungswelten,
- Experimentieren mit innovativen Geschäftsmodellen in einem abgesicherten Rahmen, damit die Risiken des Scheiterns keine übermäßigen Gesamtschäden verursachen,

- strukturelle Innovation und Experten integrierendes Arbeiten auf Zeit sowie dezentralisierte Entscheidungswege

sind potenzielle Aktivitäten, die dem rasanten Wandel der Geschäftsmodelle angemessener gerecht werden als Organigramme und Kontrollideologien.

Auch wir Berater sollten weniger evangelisieren und frohe Botschaften verkünden, sondern Ängste nehmen und beim Umsetzen mit anpacken.

Der Ungewissheitsfalle Pragmatik entgegensetzen

Das ist alles irgendwie nachvollziehbar: Was macht es aber dennoch so schwer, sich auf Neuland einzulassen und wie könnte man einen Anfang finden? Nun, schwer ist es, weil man nicht so genau weiß, was die Alternativen sein sollen, wie sie umgesetzt werden können und was dabei alles auf einen zukommt, wofür möglicherweise gar keine Ressourcen vorhanden sind und am Ende doch nur Frust bleibt. Diese Ungewissheiten alleine wirken implizit so lähmend, dass schon das Suchen nach Antworten unbewusst unterdrückt wird. So groß ist die Unsicherheit, dass sie potenzielle Horizonte verdunkelt und Aktionismus eher zur Beruhigung des Gewissens führt – womit man letztlich aber nur die Illusion der Kontrolle befeuert.

Im Grunde ist es aber gar nicht so schwierig, neue Perspektiven auch in einer komplexen Situation zu entwickeln und zu verwirklichen. Wenn dann erst mal das „Was“ und „Wie“ klarer geworden sind, sind auch die erforderlichen Ressourcen grob abzuschätzen.

Ein Anfang ist gemacht, wenn das obere Management einen der ohnehin zahlreich stattfindenden Arbeitskreise etwa mit Design Thinking formatiert und mit ihren Leistungsträgern mutige Szenarien entwirft:

- **Aus verschiedenen Blickwinkeln die aktuelle und künftige Situation des Problems betrachten**

  Was kommt aus unseren und fremden Märkten auf uns zu?

  Wie sind wir in diesem Spiel positioniert und wie sollten wir es sein?

  ...

- **Vernetzen von internen und externen Abhängigkeiten**

  Welche Aspekte des Wandels interagieren wie stark?

  Welche Prioritäten ergeben sich aus systemischer Sicht daraus?

  ...

- **Ableiten von Szenarien und Vorgehensweisen des künftigen Geschäftsmodells**

  Welche Effekte, Nebenwirkungen und Fernwirkungen sind zu erwarten?

Welche Vorgehensweisen/Strategien/Strukturen sind praktikabel?

...

- **Abgleichen mit bestehenden Unternehmenskonzepten bzw. Strategien und Ressourcen**

Welche Wertbeiträge können bei welchen Szenarien erwartet werden?

Welche Ressourcen sind dafür erforderlich?

...

Vom Vertrauten sich zu distanzieren, ist oft schmerzlich, aber notwendig fürs Überleben. Wer sich mit einer solchen Grundhaltung zwei Tage lang mit dem Transformationsdruck beschäftigt, wird sehen, dass nichts Schreckhaftes an sich in einem radikalen Wandel liegt. Insbesondere wird er sehen, was er wie mit welchem Aufwand bewältigen kann. Zwei Tage, die sich rechnen. Woran er allerdings nicht vorbeikommt: Er braucht für das Neuland Menschen, die sich selbst steuern können, mit Unsicherheit und Unbestimmtheit umgehen mögen sowie proaktiv und eigenverantwortlich handeln möchten.

Es wäre leichtfertig, sich auf eine Transformation nur halbherzig einzulassen und dieses Mindset zu ignorieren.

3 Der Disruption den Schrecken nehmen

Innovationen sichern seit jeher die Marktmacht von Unternehmen. Neuerdings ist dafür aber eine Kultur im Unternehmen erforderlich, die Schnelligkeit, Flexibilität und Kreativität zur Bedingung hat. Zu mehrdeutig, komplex und vielfältig sind die Marktbedingungen, als dass mit kleinen Schritt-für-Schritt-Verbesserungen von Prozessen, Produkten und Dienstleistungen es getan wäre. Die Grenzen zwischen Idee, Planung und Umsetzung sind fließend und die gedachte Zukunft schon nach den ersten Ideen Vergangenheit. Netflix, Spotify oder Outfittery haben innerhalb kürzester Zeit die Medien-, Musik- und Bekleidungsbranche disruptiert und Traditionsfirmen in die roten Zahlen getrieben. Banken droht demnächst Ähnliches von Fintechs.

Interessante Ideen finden ihr Publikum

Sobald sich eine Idee als interessant erweist, setzt sie sich digital gestrickt rasch durch und schafft neue Märkte und Geschäftsmodelle. Wenn sich etwa heute mit 3 D-Druck selbst anspruchsvolle Qualitäten bei Sportschuhen und Textilien erzeugen lassen, werden morgen Textilhersteller, Faserproduzenten und deren Zulieferer vor ihrem Anlagen- und Maschinenfriedhof stehen, wenn sie im „Mehr-vom-Gleichen“ steckenbleiben.

Um zukunftsrobust zu werden, helfen daher auch keine Old Economy Werkzeuge wie etwa ein verbessertes Marketing- und Produktmanagement oder hasenherzige Innovationen. Sie zögern den Untergang höchstens marginal hinaus. Das Feld für die Zukunft liegt vielmehr in radikalen Neuentwürfen von Geschäftszwecken und -logiken.

Bis sich ein Kunde für den Kauf eines Produktes oder einer Dienstleistung entscheidet (Experten sprechen von „Customer Journey“ oder „Touchpoints“) geht eine Old Economy von vielen Kontaktpunkten aus, an denen er beeinflusst werden kann. Daran knüpfte das Marketing dann seine Zielkundenstrategien und Distributionskanäle. Heute genügt ein Portal oder eine App, um Kaufentscheidungen zu befeuern.

Innovationen bedeuten: Terra Incognita!

3 D-Drucknetzwerke liefern auf einen Klick freie regionale Drucker- und Scankapazitäten. Der Datentransfer der Produktmerkmale zu geeigneten Partnern beschränkt sich etwa auf ein Bild oder eine Zeichnung. In kürzester Zeit liegt das gewünschte Teil vor. On Demand Lieferung verändert so die Geschäftsmodelle von Instandhaltung und Lagerhaltung, Prototypenbau und Massenfertigung, Logistik und Service. Es ist nicht

schwer, einzusehen, dass Verbesserungen im Detail keine Innovationsleistung mehr sind, sondern Innovationen in neuen, unbekannten Feldern ihren Platz finden. Neues hat dann keine Anleihe mehr im Alten. Es entsteht aus kreativen, anarchistischen und tabubrechenden Ideen. Mit alten Werkzeugen und bewahrendem Denken sind die dann nicht mehr zu generieren.

Dieser grundlegende Wandel der Wirtschaft betrifft alle Branchen. Auch Prognosen, Trends, Visionen haben daher nur noch Zeitfenster von wenigen Monaten oder Jahren. Sie liefern somit in komplexen Welten nur noch Impulse für mögliche Richtungen. Selbst Megatrends überholen sich, man muss nur den vor zwei oder drei Jahren noch als unumstößlich ausgerufenen Trend zum Cocooning, zum Rückzug in die Privatsphäre, betrachten und sehen, wie veröffentlicht dieselbe mittlerweile stattfindet. Trends verschmelzen, erneuern sich und verschwinden wieder, kaum dass sie erschienen sind. Sie insinuieren Orientierung, beruhigen aber nur das Kontrollbedürfnis. Darauf Strategien aufzubauen, wäre fahrlässig. Der Megatrend Digitalisierung etwa ist allgegenwärtig und differenziert sich in kurzen Zyklen immer weiter aus. JIT, Smart Home, Arbeit 4.0 werden morgen schon neue Trends hervorrufen. Etwa gesellschafts- und wirtschaftspolitische Umwälzungen von kapitalfixierten Wirtschaftssystemen zu bedürfnisfixierten, in denen Einkommen keine Rolle mehr spielt.

Die Schlussfolgerung aus dieser Kurzlebigkeit lautet: nicht allzu lang mit Trends aufhalten, sondern experimentieren.

Innovationsszenarien erstellen und für Synergien sorgen

Spinnerte, denkbare oder relevante Innovationsideen sind für eine mehrdeutige, ungewisse und vielschichtige Zukunft die weißen Ritter zur Sicherung derselben. Von Digitalisierung, Agilität oder Prozessautomatisierung getriebene Innovationsthemen haben hochwahrscheinlich Schnittstellen, die sich synergetisch verknüpfen lassen und so zum ganzheitlichen Verständnis der einzelnen Innovationsideen beitragen.

Ein Logistiker führte etwa die vier Globaltrends Digitalisierung, Demographie, Mobilität und Urbanisierung zu einem Szenario zusammen, das Drohnen und Robotik konzeptionell mit ergonomisch-technisch optimierten Verteilzentren und häuserbezogenen Zustellstationen verband. Mit einem kleinen Innovationsteam, einigen wenigen Perspektivkunden, vielen kollaborativen Arbeitstechniken wie Design Thinking und Szenario-Simulationen stand nach Aussagen des Projektleiters nach zwei Monaten das experimentiertaugliche Grundkonzept.

Sicherlich kann es keine Blaupausen zur Innovationsarbeit geben, aber Optionen, an denen Unternehmen entlang arbeiten und sich orientieren können:

+ unvoreingenommen, kreativ zerstörend denken,

+ multiperspektivisch Interessen(gruppen) integrieren,

+ lineares Projektdenken durch systemisches ersetzen,

+ kollaborative Arbeitsmethoden praktizieren,

+ Altes nicht diskreditieren, sondern funktional behandeln,

+ Open Source-Strategien als Impulsgeber generieren.

Technologien wachsen zusammen. Informationstechnik verknüpft sich mit der Biotechnik und revolutioniert so die KI-Branche. IT emanzipiert sich peu a peu vom Menschen. Pepper, Watson oder Industrieroboter sind hierfür nur die Vorboten. Darauf nicht kopflos zu reagieren, sondern praktische Konsequenzen für die Innovationsarbeit zu ziehen, ist die Aufgabe des Managements. Die Roadmap dafür könnte formatiert werden in die Aktionsdomänen:

+ Szenarien für Ziel- und Kundenmärkte auf der Basis von Trends betriebsbezogen entwerfen, miteinander verknüpfen und simulieren,

+ organisationale Fähigkeiten und Reserven identifizieren und mit den Szenarien verknüpfen,

+ Know-how-Partnerschaften mit internen und externen Partnern etablieren,

+ Know-how-Transfer zur grundsätzlichen Effizienzsteigerung institutionalisieren und

+ individuelle Zukunftsfähigkeit der Human Resources definieren und fördern.

Vernetzt und iterativ werden sie von Teams bearbeitet und vom Management verantwortet.

Eine Innovationsarbeit, die bestimmt aufregend und fesselnd ist, weil sie alte Zöpfe abschneiden und neue kreieren wird: aber auch eine, die Zukunft sichert.

4 Denkfehler der Personalentwicklung und wie man sie korrigiert

Darüber ist man sich in kleinen und großen Unternehmen einig: Mitarbeiter sollen Verantwortung übernehmen und eigenständig arbeiten. Konsens besteht auch darüber, dass die betriebliche Personalentwicklung sie dazu befähigt und die Vorgesetzten sie zur Umsetzung dieser Erwartung ermutigen.

Babylonien im Führungsbusiness

So weit zu den Gemeinsamkeiten. Wenn es aber darum geht, Mitarbeiter dafür zu qualifizieren und sie auf ihrem Weg zum Erfolg zu ermutigen, gehen die Strategien und Methoden weit auseinander. Von autoritär über direktiv bis zu kooperativ und kollaborativ reichen die Führungsstrategien und je nach Zeitgeist von transaktional bis transformational die Führungsmodelle. Auch die Protagonisten der Szene bieten kreative Trainingssets an, mit denen sie den von Transformation und Disruption geplagten Chefs eine sichere Zukunft versprechen. Je nach dem, was auf der betrieblichen Agenda oben steht, wird es von der Human Ressource Abteilung mit Workshops, Coachings und Seminaren gefüttert. Allein: Der Erfolg ist mager. Studien weisen immer wieder darauf hin, wie auch der Gallup-Report aus 2016, dass weder Arbeitsmotivation noch emotionale Bindung an das Unternehmen oder außergewöhnliche Leistungsbereitschaft der Beschäftigten in den Unternehmen festzustellen wären. Sind etwa die Strategien und Schulungen wirkungslos oder müssten sie bei ausbleibendem Erfolg nicht einfach nur professioneller umgesetzt oder intensiviert werden? Kaum, es wäre nur der Speck in der Mehr-vom-Gleichen-Falle. Außerdem mangelt es weder an Praxisbezug noch an Könnerschaft in der Durchführung von Entwicklungsmaßnahmen.

Woran es aber mangelt, wird bei der Frage offenkundig, was Mitarbeiter arbeitsfreudig, leistungsmotiviert, eigeninitiativ und verantwortlich handeln lässt. Führungsforschung und die Alltagserfahrungen belegen nämlich eindrücklich, dass Mitarbeiter voll überzeugt bis an ihre Leistungsgrenzen gehen, wenn sie stolz sind, einer Organisation anzugehören, Aufstiegsmöglichkeiten geboten bekommen, über große Handlungsspielräume verfügen und ihre Fachlichkeit und Persönlichkeit geschätzt und gefördert wissen. Das setzt jedoch voraus, sie auch in der Rolle eines mitbestimmenden und initiierenden Mitarbeiters zu sehen. Das wäre jedoch ein Bruch des traditionellen Oben-Unten-Denkens. Gewohntes anzuzweifeln, fällt Menschen schwer, weil es psychischen Aufwand bedeutet. Vieles bleibt daher, wie es schon immer war.

Und hier wird der klassische Denkfehler der Führungskräfteschulung sichtbar: Die Rechnung wird ohne den Wirt sprich Mitarbeiter gemacht. Führen geht traditionell von Macht und Einfluss aus und definiert sich durch das Interaktionsgeschehen von oben nach unten. Einer führt, ein anderer folgt. Eine solche Top-Down-Kultur ist aber längst nicht mehr zeitgemäß, da Strukturen vernetzt und Probleme am ehesten kollaborativ zu lösen sind. So gesehen nützt es nicht viel, die Beeinflussungskraft der Vorgesetzten mit noch mehr Rhetorik- und Psychologiewissen stärken zu wollen. Das Verständnis von geteilter Führung muss sich auf breiter Front der Leistungsträger durchsetzen.

Reset des klassischen Führungsverständnisses

Führung kann dabei nur heißen, andere zur Führung und Selbststeuerung zu befähigen. In amerikanischen Leadership-Debatten findet man dafür den Begriff Empowering Leadership. Nicht mehr nur Chefs haben Macht und Einfluss. Je nach Anlass auch Mitarbeiter. „No ranks, no titels“ wird zum neuen alten Grundsatz einer hierarchiearmen Führung. Er erfordert jedoch ein fundamental anderes Verständnis von Personalentwicklung: Vorgesetzte dienen ihren Mitarbeitern als Lernmodell für eigenverantwortliches Handeln und Personalentwickler befähigen sie dazu und bieten den Mitarbeitern Arbeitskonzepte, mit denen sie ihre neue „Führungsrolle“ schrittweise austesten und vervollkommnen können.

Das sind aber nur die notwendigen Eckpunkte eines neuen Führungskonzeptes. Hinzukommen muss insgesamt eine Kultur des Teilens, Kollaborierens und Experimentierens. Ein Konzept des Wirtschaftens also, das ohne Direktiven, Appelle und Zeichnungsberechtigungen auskommt und auf Verantwortung, Proaktivität und Lernbereitschaft des Einzelnen setzt. Es ist verständlich, dass es anfangs dabei zu Friktionen und Selbstreinigungsprozessen kommt, denn nicht jeder kann und will sich darauf einlassen. Da helfen differentielle Arbeitsangebote, bei denen ohne Gesichtsverlust Mitarbeiter Alternativen wählen können.

Die Praxis profitiert von geteilter Führung

Wie kann das nun alles gelingen, ohne gleich die große Strukturrevolution ausrufen zu müssen? Es ist gar nicht so schwer wie man auf den ersten Blick glauben möchte. Erfahrungen in einem stark nach Command und Control organisierten Industriekonzern zeigen, dass Mitarbeiter und Vorgesetzte darin geschult werden können, ihre Arbeitsweisen nach individuellen Präferenzen zu gestalten und ihr Selbstführungspotenzial zu aktivieren. Nicht die konzernweite Einführung war dabei das Ziel, sondern dass diese Veränderungen in zunächst nur zwei Gruppen und einer Abteilung im praxisrelevanten Kontext eingeführt werden. Der

Bereichsvorstand monitort und fördert den Strukturwandel über die Implementierung hinaus.

Auch die Vorbereitung auf die verteilte Verantwortung war schlank:

+ Mitarbeiter und Vorgesetzte erarbeiteten sich Strategien und Methoden, mit denen sie ihre Willenskräfte aktivieren, sich selbst motivieren, ihr Arbeitssystem gestalten und ambitionierte Ziele erreichen können.

+ In kollaborativen Workshops wurden realisierbare Restrukturierungen debattiert und verbindlich eingeleitet. Die Gruppen arbeiten ähnlich wie Qualitätszirkel: Wer eine Idee einbringt und andere davon überzeugt, der ist dann auch der „Chef" für deren Umsetzung.

Die Bilanz nach einem Jahr war ermutigend: Große emotionale Bindungen an den Konzern, gestiegene Arbeitsmotivation, Produktivitätsverbesserungen von gut 30 %, die Fehlerquote sank von 10 auf 3 %. Eine Bilanz die sich sehen lassen kann und die zu einem Wechsel der Entwicklungsstrategie ermutigt.

Evidenz mit wenig Aufwand

Auch wenn es kein Hexenwerk ist, Wissen, Macht, Erfahrung und Zusammenarbeit neu zu sortieren, es wird erst nachhaltig, wenn

+ die neuen Rollen der Verantwortlichkeit klar definiert sind und jedem Betroffenen Orientierung geben,

+ die Fachexpertise und der Wertbeitrag des Einzelnen zentrale Wertschätzung erfahren und nicht Funktionstitel über Einkommen und Ansehen entscheiden,

+ die Wertbeiträge der geteilten Führung erfasst und offensiv kommuniziert werden.

Man kann sich leicht vorstellen, dass solche Formate einer Strukturinnovation die Eigenmotivation stimulieren. Und damit einen wesentlichen Treiber für den Aufbruch in eine neue Führungswelt verkörpern. Wer nur an ein paar außerhalb der Tradition liegenden Stellschräubchen dreht, kann die Tür zu ihr weit aufstoßen und signifikante Mehrwerte erzielen.

5 Drei Gründe, warum von Schnelligkeit in einer komplexen Welt nix zu halten ist

„Wer nicht mit der Zeit geht, geht mit der Zeit!" Kaum einer der lautstarken Kongressgranden für disruptive Veränderung wird müde, diese Kassandrarufe unablässig und in variantenreicher Verpackung ertönen zu lassen. Ohne rote Ohren, aber mit viel Schaum vorm Mund wird die sofortige digitale Transformation der Wirtschaft als propere Sau durchs Dorf getrieben und ein radikaler Paradigmenwechsel in der Wertschöpfung durch alle Lautsprecher der Kongresssäle gebrüllt.

Es wird Zeit, mal den Druck aus dem Geschwindigkeitskessel abzulassen und aufgeregtes Handeln durch ausgewogenes zu ersetzen. Aus dreierlei Gründen kann man nämlich den dogmatischen Ruf nach der Schnelligkeit getrost in die Mottenkiste wegelagernder Businesskasper packen und auf Stumm stellen ohne etwas zu riskieren.

1. Empirische Belege: Mangelware

Trotz gebetsmühlenartiger Appelle: Es gibt keine empirischen Belege für einen signifikanten Zusammenhang zwischen geschwinder Anpassung von Geschäftsmodellen an die technologischen Möglichkeiten und nachhaltigem Erfolg. Im Gegenteil: Gerade in komplexen Situationen ist ein abwägendes und aus mehreren Perspektiven analysierendes Verhalten angemessener als das Vorpreschen und First Mover-Gehabe der Zukunftsauguren. Schnelligkeit verengt nämlich den Blick und verleitet zur Wiederholung früherer Erfolgsrezepte. Verheerende Fehlentscheidungen sind oft die Folge von selbst verordnetem Zeitdruck, der das Prinzip Mehr vom Gleichen erst möglich macht und Entscheider am Ausprobieren und Experimentieren hindert. Das Zu-Ende-Denken wird ersetzt durch Vorpreschen.

Die Liste nicht zu Ende gedachter Managemententscheidungen ist lang. Sie reicht vom Weltkonzernziel eines schwäbischen Autobauers bis zur atemberaubenden Kulturtransformation eines staatlichen Verkehrsbetriebs oder zum egogetriebenen Strukturwandel eines ehemals erfolgreichen Einzelhandelskonzerns. Auch die rasante Ökonomisierung des privaten Krankenhaussektors mit Renditerekorden im zweistelligen Bereich zeigt die katastrophalen Auswirkungen eines engen quartalfixierten Targetings auf die Qualität der medizinischen Leistung und das Engagement von Mitarbeitern. Schnelligkeit allein darf daher nicht das Argument für eine zukunftsfähige Entwicklung sein. Multiperspektivität, Vernetzung und rasches Ausprobieren von Ideen schaffen dafür bessere Voraussetzungen.

2. Technikdominanz führt zur Unwucht

Brauchte man vom mechanischen Webstuhl zum automatisierten noch fast ein Jahrhundert, liegen in der Chip-Technologie oder künstlichen Intelligenz die Entwicklungssprünge heute atemberaubend schnell im Quartalsbereich. Vom ersten Taschenrechner 1971 vergingen noch vier Jahre bis zum ersten Personalcomputer von Commodore. Vom mobilen Telefon zum rechnerfähigen Handy schon nur noch ein halbes.

Die Radikalität der Geschichte der Technik der letzten Dekade hinterlässt Spuren: Die rein technologischen Fortschritte führten zu einer Scheuklappenbewehrten technischen Optimierung von Prozessen und Produkten. Obwohl man in der Menschheitsgeschichte nachhaltig gelernt hat, dass alles was automatisierbar, digitalisierbar und standardisierbar ist, über kurz oder lang auch so erfolgen wird, spart man sich die Sensibilisierung für deren Neben- und Fernwirkungen.

Mit wehenden Fahnen hält die künstliche Intelligenz Einzug in die Robotik und diese in soziale, industrielle und administrative Geschäftslogiken der Wirtschaft. Speichertechnologien und Algorithmen forcieren das Durchdringen der Geschäftswelt – nach Studien der London School of Economics können bis 2025 51 % der Jobs von Automaten übernommen werden – quer durch alle Qualifikationsniveaus. Die technischen Entwicklungen rasen im Galopp durch die Forschungsinstitute und Unternehmensabteilungen. Cloudbasierte CRM-Lösungen und Algorithmen revolutionieren die individuelle Kommunikation mit dem Kunden, humanoide Roboter dringen in die chronisch unterbesetzte Altenpflege ein und selbstlernende Industrieroboter optimieren selbstständig Produktions- und Ablaufprozesse. Terabyte Speicher lagern das weltweite Erfahrungswissen von Nuklearmedizinern und liefern computergesteuerten Diagnoseprogrammen die Datengrundlage für die Befundung von MRT-Bildern.

Das technische System hat sich längst vom Menschen emanzipiert und lässt ihn in seinen Ängsten und Unsicherheiten allein. Zuerst ersetzte es seine Muskel- und jetzt seine Geisteskraft. Die Kenntnis der Auswirkungen auf das Denken, Fühlen und Wahrnehmen von Menschen korreliert jedoch immer noch signifikant negativ mit dem technischen Fortschritt. Aus den systemischen Unwuchten zwischen den unterschiedlichen Geschwindigkeiten von sozialer und technischer Welt droht unausweichlich der systemische Kollaps. Szenarien und Modelle einer sozial- und technikverträglichen Arbeit und Wirtschaft sind daher unabdingbar, wenn man das Auseinanderdriften von langsamer Menschwerdung und hochgeschwinden technischen Entwicklungen miteinander versöhnen möchte.

3. Komplexität verhindert Kausalität

Der Veränderungsdruck ist komplexen Ursprungs. Gleichzeitig treffen Entwicklungen mit unterschiedlichen Geschwindigkeiten aufeinander (s. 2.) Grundbedürfnisse des Verstehens und Erkenntnisgewinn kollidieren mit dem menschlichen Grundbedürfnis nach Kontrolle. Renditeoptimierungen stehen gesunden Arbeitsbedingungen im Weg. Investitionen in Zukunftsbereiche führen zur Verkappung an traditionellen Stellen: Kein Eingriff in die Unternehmensstruktur bleibt ohne Neben- und Fernwirkungen. Kausale Zusammenhänge sind längst nonlinearen und unberechenbaren chaotischen gewichen. In einem derart vernetzten Systemzustand allein auf das Merkmal Geschwindigkeit zu setzen, ist völlig unangemessen und vielleicht nur psychologisch als Ergebnis einer Kontrollillusion zu verstehen.

Der Auftrag an Entscheider zum Umgang mit derlei Abhängigkeiten liegt darin, aus mehreren Perspektiven Fragestellungen und Veränderungsziele zu betrachten, um daraus problemrelevante Aspekte in ihrer Vernetzung und systemischen Auswirkung identifizieren zu können. Schnelles Handeln wird dies kaum möglich machen, genauso wenig aber auch Stillstand. Die Konsequenzen fürs Zukunftshandeln liegen wohl darin, proaktiv zu experimentieren, die Meinung vieler zu integrieren und eindimensionalen Erfolgsrezepten abzuschwören.

...und was nun?

Mögen die schönsten Visionen einer erträumten oder herbeigeredeten Zukunft noch so sehr zur Schnelligkeit antreiben, sie bleiben fragil. Neue Zukünfte skizzieren, ihre Bedingungen erahnen, Ressourcen dafür aufbauen und die Köpfe und Herzen der Menschen etwa durch Partizipation dafür gewinnen, werden tragfähigere Fundamente der Veränderung gießen. Wer nicht atemlos aus der Highspeedkurve fliegen will, sollte dabei Realitätssinn, Perspektivenvielfalt, geteilte Erfahrungen und Querdenken mit systemischen Methoden kombinieren. Daraus wird dann eher ein Stoff, aus dem Zukunft und Transformation entstehen – nicht aus Geschwindigkeit.

6 Der Mensch ist das Maß – kein Algorithmus kann Seele

In der aufgeheizten 4.0 Debatte rutscht der Mensch immer mehr als Fossil einer alten Wirtschaft ab in eine wegdigitalisierte Bedeutungslosigkeit. Wirklich? Wird er nicht viel eher wie ein Phönix aus den disruptiv gewandelten Geschäftsmodellen aufsteigen, weil 0-1 Logiken nur der effizienzgetriebene Teil eines auch weiterhin sozialabhängigen Wirtschaftssystems sind? Ich meine, es lohnt sich, darüber etwas länger nachzudenken.

Der Genius Mensch als einzige Konstante einer Veränderung

Menschen sind ein gewichtiger Faktor für ökonomisches Wachsen schlechthin und prägen mehr als Managementsysteme Wert und Image eines Unternehmens. Dieselskandal, Abgastests mit Affen, Tarnen, Täuschen und Bestechen sind Ergebnisse menschlicher Hybris. Compliance-Regeln verkommen zum Potemkinschen Dorf eines geschlossenen Eliteclubs und ihres kollektiven Versagens. Das Handelsblatt spricht am 30.01.2018 in diesem Zusammenhang von systemrelevanter Elitenverwahrlosung. Andererseits kämpfen Menschen kollektiv für den Erhalt von Arbeitsplätzen, tüfteln an faszinierenden Innovationen, schaffen Mehrwerte durch selbstloses Engagement, entwerfen kühne Zukunftsvisionen und tragen mutig riskante Entscheidung und korrigieren sie bei Bedarf. Sie gehen bis an die Schmerzgrenze, nicht, weil sie organigrammtechnisch und monetär dazu verpflichtet sind, sondern weil sie Sinn und Wertschätzung in ihrer Arbeit erleben. Welche Perspektive man auch immer wählt: Menschen setzen die Maßstäbe – unberechenbar, aber verlässlich.

Der digitale Code ist strohdumm

Der Mensch bleibt alleine schon durch seine Anwesenheit in der Welt ein Schlüsselfaktor der Wirtschaft. Zwar arbeiten Algorithmen Aufgaben ab, die gestern noch von Menschen erledigt wurden, ist die Robotisierung der Fertigung mittlerweile Standard, drängen immer mehr humanoide Roboter in auch soziale Arbeitswelten und übernimmt die künstliche Intelligenz unschlagbar präzise die Auswertung noch so großer Datensätze, sie kann sogar selbst lernen und den eigenen Code weiterentwickeln. Ändert man aber nur einen Umfeldparameter, der nicht im Quellcode vorgesehen ist, sind Algorithmen dumm wie Stroh. Ihre Kreativität bleibt eindimensional begrenzt auf das, was der Programmierer vorgesehen hat, und wird von der intuitiven Kraft des Menschen vom Platz gefegt.

Jedes digitale Geschäftsmodell wird erst hinreichend gut gelingen, wenn es von Menschen gehegt und weiterentwickelt wird. Big Data Analysen von Maschinen brauchen den Genius Mensch zum schlussfolgernden Handeln. Komplexität zwingt zur Perspektivenvielfalt und Kollaboration, beides aber wird ohne menschliche Bereitschaft dafür zum Rohrkrepierer. Ambitionierte Ziele und Out-of-the-box-Denken stehen und fallen mit dem Mut und der Freude am Experimentieren. Mit unerwarteten Situationen klar zu kommen, heißt, psychisch stabil und proaktiv darauf reagieren zu können. Kein Rechner kann Seele!

Menschen: Hintergrundrauschen und Treiber der Transformation

Disruptives Denken, Innovationsfähigkeit, Digitalisierung und Automatisierung, Marketing und Führung und was man je nach Absicht noch an Schlüsselfaktoren für Wirtschaftswachstum zu hören bekommt, sind sicherlich notwendig, keine Frage, aber hinreichend noch lange nicht. Erst, wenn Menschen als Treiber und Kraftwerk des Unternehmens ihre Rolle einnehmen, werden Schlüsselfaktoren wirken. Erst, wenn ökonomische Prinzipien der Wertschöpfung die Psychologie des Menschen adressieren, entfaltet sich ihr Nutzwert. Und erst, wenn Vertrauen in die Menschen vorbehaltlos investiert wird, gelingt die Transformation des Alten in Neues.

Gewiss: Eine Reihe von Jobs wird wegfallen - schneller und in höherer Zahl als Wirtschaft und Gesellschaft es gewohnt sind. Denn alles, was standardisier-, automatisier- und digitalisierbar ist, unterliegt diesem rasanten Jobwandel. Nicht nur einfache oder Assistenzaufgaben werden erodieren, auch bislang Experten vorbehaltene wird es treffen. IBMs Watson beweist schon heute, dass selbst Wissenschaftler etwa bei der Analyse von Klimadaten, Epidemie-Verläufen oder Hirnscans überflüssig sind.

Man muss auch keinen ideologischen Streit vom Zaune brechen und den Untergang der Arbeitswelt menetekeln, wie es gelegentlich eigenverliebte Evangelisten tun. Dass sich Arbeit rasant verändert, ist mittlerweile eine Binse. Genauso eine Binse ist, dass es mindestens genauso viele neue Jobs geben wird. Die Ambition liegt jedoch darin, mit der Geschwindigkeit des Wandels zurechtzukommen. Es ist auch gleichgültig, ob man den Umbruch der Arbeitswelt pessimistisch oder optimistisch sieht, denn es bleibt die Erkenntnis: vor, während und nach (radikalen) Umbrüchen sind weiterhin Kreativität, Pioniergeist und Weitsicht die Anforderungen an eine gelingende Arbeitswelt. Diese Faktoren werden absehbar nicht von Algorithmen gewährleistet.

Strukturtabus karikieren jeden Fortschritt

Branchen- und weltweit stecken wir in der Transformation von alten in neue Geschäftsmodelle und dort, wo es noch nicht so sichtbar wird wie vielleicht in Handwerksbetrieben, Bildungseinrichtungen oder kleinen Herstellbetrieben, wird es absehbar der Fall sein. Was in der aktuellen Umbruchsituation jedoch besorgniserregend ist, sind die Konzepte und Denkweisen von vorgestern, die zur Bewältigung dieser nie dagewesenen Herausforderung bevorzugt werden.

Wortreich gelangen digitale Strategien und Tools auf die Agenden der Erfolgsfaktoren, werden reihenweise digitale Themen ins alte Korsett gestrickt und Agilität und Kollaboration gefordert. Wie Pawlows Hund, sondern die Protagonisten der Disruption aber immer nur ein Mehr vom Gleichen ab, ohne signifikant etwas zu bewirken. Das hat wohl auch damit zu tun, dass strukturkonservatives Handeln attraktiv ist, weil es Budget sichert und damit Macht. Berichtswege bleiben heilige Kühe, Karrieren von unten nach oben gedacht (auch Projektkarrieren sollten nicht darüber hinwegtäuschen) und Maßnahmen von gestern aufgehübscht – interdisziplinäre Gruppenarbeit wird zum Design Thinking oder Scrum. Ungerührt proklamieren HR-Granden ein neues „Mindset", ohne den Zement der Strukturtabus aufzumeißeln.

Jedes technische System hat eine Resetfunktion, also auch ein soziales. Und da liegt schon der erste Denkfehler: Man setzt soziale mit technischen Prozessen gleich. So wundert es nicht, dass die neue Arbeitswelt technisch optimal vorbereitet, Ressourcen dafür eingekauft, Pflicht- und Lastenhefte erstellt und Frühwarnradare installiert werden. Die daraus resultierende Machbarkeitsillusion führt bei jedem Paradigmenwechsel auf direktem Weg zur Selbstblockade.

Strategiewechsel im Denken und Handeln einleiten

Wenn wir aber wissen: Ohne den Menschen ist alles nichts, warum

+ definieren wir nicht explizit die Rolle des Menschen in der aktuellen und künftigen Arbeitswelt,

+ verabschieden wir uns nicht von Hierarchiestrukturen zugunsten von Gruppenformaten,

+ ersetzen wir nicht Wenn-dann-Ideologien mit systemischen Ansätzen,

+ transformieren wir nicht das Seminar(un)wesen in arbeitsimmanentes und selbstbestimmtes Lernen,

+ helfen wir Menschen nicht, mit ihrer „multioptionalen Orientierungslosigkeit" zurechtzufinden,

+ fördern wir nicht Experimentierfreude und den Mut zum Out-of-the-Box-Denken,

+ verhindern wir nicht kopfloses und herzloses Agieren in Krisen durch systemisches Planen und Handeln oder

+ verorten wir Menschen in ihren Funktionssilos, anstatt sie als Teil von vernetzten Einheiten zu positionieren?

Wohl deswegen nicht, weil alles zusammen unweigerlich zum Systemoverload führt und weil hierarchiebezogenes Steuern und Sanktionieren immer noch einer vertrauensabhängigen Selbstverantwortung und Proaktivität des Einzelnen vorgezogen werden.

Alles zusammen muss aber gar nicht sein. Weniges ist tatsächlich mehr. Und Kontrolldogmen können alleine schon aus Vernunftgründen aufgegeben werden, weil Silos definitiv komplexitätsfeindlich sind.

Mag die Veränderung für den einen oder anderen Betrieb auch schleichend sein, sie zwingt dennoch jeden zur Mensch-System-Integration. Kein Algorithmus gebiert Kreativität und Sinn. Es sind Menschen, die den Fortschritt tragen. Ihre Spontaneität, Verantwortungsbereitschaft, Initiative, Intuition, Gedanken, Erfahrung und Experimentierfreude verhelfen Neuem auf die Sprünge. Das war so gelegentlich in der alten und ist der „Code" auch in der neuen Arbeitswelt.

„Mensch mach hin! Alles wartet deinetwegen!"

Es bedarf keines großen Aufwands und keiner Kongressbekenntnisse, dem Menschen auch zur ökonomischen Bedeutung zu verhelfen. Der Kraftakt besteht lediglich darin, es zu tun.

Es ist pragmatisch und rational betrachtet klug,

+ Digitalisierung nicht allein auf Effizienzgewinne auszurichten, sondern die daraus resultierenden Aufgabenveränderungen in menschengerechte Szenarien zu überführen,

+ neue Arbeitsformate und Work Designs nicht allein wegen eines gewandelten Zeitgeistes einzurichten, sondern den Einstellungen und Werten der Mitarbeiter anzupassen. Denn was bringen Designermöbel und Begegnungsflächen in einer Bonuskultur an Einstellungswandel?

+ Seminarkataloge dem Fossilienarchiv der Old-School-HR zu übergeben und kreativ Formate eines arbeitsimmanenten, selbstgesteuerten und Erfahrungslernens zu entwerfen,

+ Aufgaben und Menschen aufeinander abzustimmen, um Effizienz zu gewinnen und Frust zu verhindern. Denn Menschen lassen sich nicht instrumentalisieren, sie wählen die Arbeit, die ihren Wachstumsbedürfnissen entspricht,

+ Hohlbegriffen (digitales Führen & Co) entweder nachvollziehbaren Inhalt zu geben oder in den Phrasentrog zu werfen – wenn darin noch Platz sein sollte und

+ vernetztes Denken, Selbstführung und Lernbereitschaft als nicht verhandelbare Kompetenzen zu betrachten, weil Menschen erst damit ihre fachliche Exzellenz in eine veränderte Arbeitswelt einbringen können.

„Mensch mach hin! Alles wartet deinetwegen!“

7 Was dem Umbruch zum Durchbruch verhilft

Längst bewegen sich Unternehmen in komplexen Märkten, sie wenden aber immer noch die alten Methoden und Prozesse zur Steuerung ihrer Wertschöpfung an. Dass das nicht gerade zukunftsfähig ist, liegt auf der Hand. Einerseits. Andererseits ist es das Resultat menschlicher Denkmechanismen zur Wahrung des Kompetenzbedürfnisses.

Kunden, Abteilung, Mitarbeiter, Lieferanten ja sogar Geschäftsmodelle stehen in permanenter Wechselwirkung zueinander und entziehen sich rationalen Modellen oder Wenn-Dann-Logiken. Stabilität in Unternehmen ist unter diesen Vorzeichen eine Illusion. Wer in kleinteiligen Zielen und sanktionierender Kontrolle das Heil sucht, scheitert mit seinen mechanistischen Methoden, weil sie Berechenbarkeit voraussetzen, wo es keine gibt. Insbesondere fehlt sie bei digitalen Geschäftsmodellen, die eher durch Vielfalt, Unsicherheit, Mehrdeutigkeit und Komplexität charakterisiert sind.

Der rasante Wandel der Wirtschaft liefert (Stichwort: Industrie 4.0, Arbeit 4.0 etc.) überzeugende Beispiele dafür. Dennoch ritualisiert das Management weiterhin Budgetplan, Organigramme, Stellenprofile, Forecast, Berichtswege etc. als gäbe es kein Morgen.

Unterm Strich kann man sagen: Umbrüche sind auch deswegen so schwer zu bewältigen, weil Menschen gerne beim Vertrauten verharren und von stabilen, beherrschbaren Verhältnissen ausgehen – unabhängig davon, ob das gerechtfertigt ist oder nicht.

Warum Mensch gerne beim Alten bleibt

Von Anfang der Menschheitsgeschichte an hat das Gehirn gelernt, dass Unbekanntes eine potenzielle Bedrohung darstellt, der man besser aus dem Weg geht. „Herr des Verfahrens sein“ fesselt uns an Bekanntes und schützt uns damit vor Ängsten und Unsicherheiten.

Es ist gewissermaßen eine biologisch sinnvolle Überlebensstrategie, Berechenbarkeit auf die Agenda des Lebens zu setzen. Das süße Gift der Machbarkeitsdogmen ist die Folge. Sie verführen zur Illusion, Kontrolle über das Geschehen zu haben. Probleme werden zu Herausforderungen verniedlicht und „alles hat eine Ursache“ verengt die Suche auf den „einen“ Grund. Das Wortgebimmel der „Macher“ verschafft sich die dazu passenden Strukturen und Instrumente. Es gehört schon eine gehörige Portion Mut dazu, von solchen Steuerungsillusionen zu lassen und auf alternative Organisationsprinzipien wie etwa Vernetzung, Kollaboration,

Selbstorganisation, Culturchange und auf Systemdynamiken zu setzen, um dem lähmenden Silo- und Hierarchiedenken zu entkommen.

Mehr vom Gleichen nährt hingegen die gefühlte Sicherheit und verführt zur beruhigenden Überzeugung, handlungsfähig zu sein ohne dazu viel Mut zum Risiko zu investieren. Gewohntes ist vertraut und beherrschbar, Neues unsicher und bedrohlich. Was davon wohl beliebter ist?

Warum Mensch gerne der Verlustaversion erliegt

Die Tendenz, trotz sichtbar andersartiger Anforderungen beim Alten zu bleiben, ist auch vor dem Hintergrund einer genetisch verankerten Verlustangst verständlich. Menschen sind in ihren Entscheidungen nicht so sehr davon getrieben, etwas zu gewinnen, sondern davon, keine Fehler zu machen und etwas zu verlieren. Wir versichern uns gegen alles, bleiben unseren Vorlieben für Automarken treu und verteidigen unsere längst widerlegte Ansicht. Bedrohliches wird schneller wahrgenommen als Vergnügliches, weil es uns vor Schaden bewahrt. Was wir haben, geben wir nicht mehr her!

Neuropsychologen konnten diese Verlustaversion auch physiologisch anhand von Ausschüttungen des „Wohlfühlhormons Oxytocin in den Kerngebieten des Hypothalamus nachweisen. Vertrautes beruhigt und bindet Menschen emotional. Neues irritiert. Die Verlustaversion entfacht so eine ungeheure Bremskraft bei Innovationen: Zwar besteht Einsicht in die Notwendigkeit, das Risiko eines möglichen Scheiterns und damit des Verlustes lässt einen aber doch lieber beim Alten bleiben.

So kommt es, dass selbst sichtbare Bedrohungen bagatellisiert und mit viele Energie etwa rechtlich bekämpft werden, ohne ihre Auswirkungen aber aufhalten zu können. Mobbing in der Abteilung, digitale Geschäftsmodelle im Markt oder künstliche Intelligenz in der Mitarbeiterauswahl lassen sich nicht formal verhindern. Eher mit kluger Akzeptanz parieren.

Wie Mensch diesen Denkfallen entkommt und was Führung damit zu tun hat

Hier fällt künftig der Führungskraft eine bedeutende Rolle zu: Sie kann durch ihr Wissen um solche Verhaltenspräferenzen bei sich und ihren Mitarbeitern den Panzer der Gewohnheiten knacken.

Die für neue Anforderungen notwendigen perspektivreichen, querdenkenden und experimentierfreundlichen Mentalitäten der Mitarbeiter entstehen, wenn Menschen Selbstverantwortung und weite Handlungsspielräume übernehmen, weil sie damit ihrer Ergebnisverpflichtung wirkungsvoller nachkommen können. Wenn in diesem Anforderungswandel Vorgesetzte ihren Mitarbeitern Kompetenz zutrauen und ihren Vorgehensweisen vertrauen, lösen sie bei ihnen auch ein Zutrauen in die eigenen Fähigkeiten aus, was wiederum unmittelbar deren Performance steigert. Ein Verhaltensartefakt, das in der Sozialpsychologie seit langem als Confirmation Bias bestens belegt und erforscht ist: Menschen neigen dazu, ihre Erwartung bestätigt zu sehen, weil sie ungern ihre Meinung revidieren. Entsprechend tun sie unbewusst alles, um die eigene Erwartung zu erfüllen. Ein Mitarbeiter, der sich etwas zutraut, schafft das dann auch mit großer Wahrscheinlichkeit. Die Macht innerer Bilder kennt man ja bereits aus der Welt der Profisportler.

Die prophetische Macht der Überzeugung erfordert eine spezielle Art der Menschenführung, da es hauptsächlich darauf ankommt, das Kompetenzgefühl der Mitarbeiter wachsen zu lassen und ihre Handlungsbereitschaft zu stärken – selbst in kniffligen Situationen.

Neue Geschäftsmodelle, ja sogar jede Veränderung von Gewohntem sind daher abhängig davon, dass die Führungskräfte ihren Mitarbeitern im Umbruch helfen,

- Zuversicht zu entwickeln,
- Unsicherheiten zu verringern,
- Zusammenhänge zu erkennen und
- sanktionsfrei experimentieren zu können.

Aus evolutionspsychologischen Gründen wählen Menschen wie erwähnt immer eher das Vertraute bzw. das geringere Übel, denn damit reduzieren sie die Wahrscheinlichkeit, „Schiffbruch zu erleiden“. Diese Angst nehmen ihnen Führungskräfte, indem sie psychologisch kompetent

- gemeinsam Lösungsperspektiven bzw. –räume entwickeln helfen,
- zukunftsgerichtete Qualifikation ermöglichen und
- im Sinne einer kalkulierten Verlustaversion die drohenden Verschlechterungen bei Unterlassung konkretisieren.

Bei einem solchen Führungsverhalten können Mitarbeiter in Umbruchsituationen mit hoher Wahrscheinlichkeit ein Gefühl von Kompetenz entwickeln und die Überzeugung gewinnen, den gegebenenfalls drohenden Gefahren eines neuen Weges Paroli bieten zu können.

Bevor das jedoch eintritt, müssen Führungskräfte selbst innere Transparenz Ihrer Denkwelt, Menschenbilder, Einstellungen und Ressourcen herstellen. Ansonsten laufen Sie Gefahr, mit viel methodischem Getöse den Transfer in ein neues Bewusstsein über die Zukunft zu betreiben, aber nur halbherzig an die faktische Macht der Notwendigkeit zu glauben. Ergebnis: Scheitern als Folge ihrer impliziten Skepsis.

Führung bedarf einer eingehenden Renovierung: im Denken, Fühlen und Können.

8 Arbeit 4.0 ruft nach Renovierung der Führung

Sich selbstwartende Maschinen, autonom gesteuerte Warenwirtschaftssysteme oder Apps zum Starten von Autos, die auch noch ohne Fahrer auskommen, zeigen mehr als deutlich die Charakteristika der Arbeit 4.0. Es ist eine Entwicklung, die exponentiellen Charakter hat und dennoch oft unbemerkt verläuft. Das Entspannende dieses rasanten Verlaufs liegt u .a daran, dass die wirtschafts- und gesellschaftspolitisch kaum wahrgenommene Problematik der Mensch-Maschine-Interaktion in der sogenannten Industrie 3.0 und der lange Zeitraum zwischen der Elektrifizierung (Industrie 2.0) und der Mechanisierung der Wirtschaft (Industrie 1.0) die Entwicklungslinien überschaubar und die Veränderungsdynamik beherrschbar erscheinen ließen.

Die Zeit, sich auf die rasant wandelnden Situationen in aller Ruhe vorzubereiten, gibt es nicht mehr. Eben waren es noch Billiggießer in China. Jetzt schon autobauende Softwaregiganten, die ganze Branchen bedrohen. Morgen purzeln Häuser aus 3D Druckern. Und übermorgen ersetzen Mikrochips das menschliche Herz. Die technischen Innovationen rasen auf der Überholspur am analogen Verstehen vorbei. Im Umkehrschluss heißt das, dass Führungskräfte angesichts der hohen Komplexität dieser Veränderungsdynamik bereit sein müssen, alte Zöpfe radikal abzuschneiden, aus verschiedenen Blickwinkeln und vom Ende her die Entwicklungen und Anforderungen zu beleuchten und experimentierfreudig mangels tauglicher Blaupausen aus der Vergangenheit mehrere Handlungsoptionen gleichzeitig durchzuspielen. Das führt zu weitreichenden Renovierungsarbeiten in der Führung: zu mutigen Innovationen im Führungsverständnis und zu harmonisierten Geschwindigkeiten in der Kultur- und Strukturentwicklung (s. Abb. Konsequenzen von Wirtschaft 4.0)

Abb.: Konsequenzen von Wirtschaft 4.0

8.1 Führung ist nichts für schwache Nerven

Dass Wirtschaft im Umbruch ist, ist nicht neu. Seine Geschwindigkeit und die ruppige Disruption bewährter Strukturen jedoch schon. Und daraus resultieren Probleme: Denken und Handeln sind immer noch „old school"- fixiert, Strukturen in Organigramme gegossen, Wagemut mit Zuständigkeitsdogmen auf null gedreht, Flexibilität in Hierarchien eingefangen und die Prinzipien einer lernenden Organisation (https://de.wikipedia.org/wiki/Lernende_Organisation) als graue „Theorie" diskreditiert

Führen zerschlägt Gewohnheiten

Wenn wir im Anflug von auch nur etwas Sensibilität diesen Zustand erkennen, dürfen wir nicht weiter der reflexhaften Wahrnehmungsabwehr bedrohlicher Situationen nachgeben, sondern müssen in voller Überzeugung und mit Tatkraft in bestem Schumpeter'schen Sinn (https://de.wikipedia.org/wiki/Sch%C3%B6pferische_Zerst%C3%B6rung) bestehende Strukturen und Modelle des Arbeitens schöpferisch zerschlagen.

Flexibilität lässt sich nicht in Organigramm-Dogmen realisieren. Also weg damit und hin zu flexiblen, interdisziplinären Arbeitsformen. Wagemut lässt sich nicht in hierarchischer Führung entwickeln. Also weg mit Command & Control in Unternehmen und hin zu selbst organisierten Strukturen und sich selbstführenden Mitarbeitern. Wer mit Komplexität umgehen möchte, muss lernen, Unbestimmtheit zu ertragen und aus dynamischen Vernetzungen heraus Prioritäten zu setzen. Wenn-dann-Kaskaden gaukeln nur Komplexitätskompetenz vor und müssen ersetzt werden durch systemisches Handeln. Methoden und Kennzahlenfixierung der „Old Economy" sollten eher randständig werden und durch Simulationstechniken, Szenarien, Visualisierungsmethoden etc. ersetzt werden. Dazu braucht es keine statusbeseelten Führungskräfte, sondern Menschen, die fähig sind, ihre je spezifischen Erfahrungen mit anderen zu teilen, sich auf andere einzulassen, Selbstverantwortung zu übernehmen und Komplexität zu meistern. In der Regel sind das dann selbstreflektierende, gut ausgebildete und unsicherheitsrobuste Menschen.

Führen ermutigt zu Ungewöhnlichem

Die Zeichen weisen in Richtung agile, sich proaktiv selbst vorantreibende Unternehmen, deren Mitarbeiter die Innovationen, Vernetzung des Wissens und Leistungskultur tragen. Selbstmotivierte Menschen, technologische Exzellenz und flexible Arbeitsstrukturen werden dabei die Grundpfeiler und Voraussetzungen der künftigen Geschäftsmodelle sein. No ranks, no titles funktioniert seit Jahren wie W. L. GORE & Associates belegt. Auch die Holacracy genannten basisdemokratisch ausgelegten Netzwerkstrukturen vieler Gründerfirmen im Silicon Valley und anderswo weisen auf strukturelle Optionen hin. Strukturen also, die kollaboratives Arbeiten erzwingen, um der Komplexität standhalten zu können. Wer Komplexität mit Kennzahlen beherrschen will, wie es KPIs insinuieren, kommt schnell an seine Grenzen. Experimentieren und Zukunftsdenken stehen auf der Agenda. Eine zeitgemäße Führung bietet dafür Konzepte und Instrumente. Sie rückt Fähigkeiten zur Selbstführung und zum systemischen Handeln in den Zielekatalog ihrer Verantwortung und schafft Formate eines arbeitsimmanenten Know-how-Transfers.

Dass das nicht einmal zeitraubende Strategiewechsel erfordert, zeigt die Praxis:
Als Zukunftskonferenz angelegt, befasste sich ein Unternehmer der Schlossindustrie mit den langfristigen Auswirkungen der zunehmend App-gesteuerten Fahrzeugzugänge: Schlüssel braucht es nicht mehr. Mitarbeiter und Menschen, die diesen entwickeln bzw. fertigen, auch nicht mehr. Auch Werkzeuge dafür nicht. Die nächste Veranstaltung im Unternehmen befasst sich mit den darin enthaltenen Chancen. Man darf schon gespannt sein! Dass also Google Autos baut, ein japanischer Softwareproduzent Häuser und Fuji Pharmaprodukte entwickelt, sind nur konsequente Folgen von mutig vorausschauendem Denken und Handeln unter den Bedingungen einer digitalisierten Wirtschaft.

8.2 Arbeit 4.0, ja, gut! Aber wo bleibt die Kultur dafür?

Der Wandel der Wirtschaft ist mit nie dagewesener Dynamik in allen Sektoren spürbar. Dabei wird ein Phänomen sichtbar: das der zwei Geschwindigkeiten. Technische und kulturelle Veränderungen laufen nicht mehr synchron. Die erstere galoppiert immer schneller voran und degradiert mit ihren eindrücklichen Fortschritten die Notwendigkeit der zweiten. Verheißungsvoll weckt sie Begehrlichkeiten. Jedes Invest in den technischen Fortschritt, ist ein rentierliches. Die Trägheit im Mitnehmen der Menschen auf diesen Hochgeschwindigkeitskurs wird dabei kaum mehr registriert und wenn überhaupt, zweitrangig gesehen.

Technischer Fortschritt bestimmt den Fokus

Immer mehr Industrieroboter vervollkommnen die effizienzgetriebene Fertigung auf höchstem Niveau. Digital aufgerüstete Kunden- und Warenwirtschaftssysteme treiben die Automatisierung in kaum mehr steigerbare Höhen. Und digitale Geschäftsmodelle disruptieren in Ehren ergraute Marktkonzepte und übertragen unbekümmert bislang von Menschen erledigte Jobs an Algorithmen. Mit dem Fortschreiten der

Künstlichen Intelligenz, insbesondere selbstlernender neuronaler Netze, sind die technologischen Potenziale bei Weitem noch nicht am Ende ihrer dominierenden Rolle für die Wirtschaft. Längst sind Home-Office, Telearbeitsplätze, vernetzte Arbeitsstrukturen, ja sogar holakratische Arbeitsformen kein modisches Beratersprech. Auf den Kopf gestellte Arbeitswelten oder eine neu adressierte Erwerbsarbeit sind vertraut gewordene Debattenbeiträge der Wirtschaft.

Riesige Datenmengen im Verbund mit raffiniert programmierten Algorithmen und gigantischen Rechnerkapazitäten verlocken zur akribischen Spurensuche nach maximaler Transparenz von Marktmechanismen, Verhalten und der Offenlegung intimster menschlicher Bedürfnisse. Und die Rechner liefern. Google und Co. leben wie die Made im Speck der technischen Zauberwelt und profitieren von der Bereitschaft zum exhibitionistischen Konsumverhalten ihrer Kunden. Eine Umkehr ist ausgeschlossen. So ist der Geist des Fortschritts. Das Neue setzt sich durch, weil es Mehrwerte schafft. Der Besitzstand will erhalten bleiben und harrt neuer Verheißungen, die noch mehr Nutzen bringen. Kondratieff lässt grüßen.

Wie bei jeder Transformation von Altem in Neues, wird sich zwar vieles Verheißende relativieren und der Nüchternheit weichen. Sie wird aber auch gewollt oder ungewollt die Kultur des Miteinander verändern. Eine technische Transformation sich selbst überlassen, ohne sie gleichzeitig mit einer an den Menschen ausgerichteten Kulturanpassung zu flankieren, wäre fahrlässig. Potenziale auf beiden Seiten würden erodieren. Einzelinteressen dominieren. Shareholder Value auf der einen, Karriere und Macht auf der anderen.

Apps und Digitalisierung begünstigen den mächtigen Drang zur Individualisierung des Lebens. Sie führen vor Augen wie ein kollektives Wir-Bewusstsein in ein sozialasketisches Ich-Bewusstsein mutiert. Der Selbstoptimierungswahn ist nicht nur in Sportstudios eindrücklich zu beobachten. Karriereplanung auf Kosten anderer, Anstands- und Moralverluste im Umgang miteinander, Betrug und Vorteilsnahme zur eigenen Bereicherung oder narzisstisches und machtfixiertes Verhalten zur Inszenierung der eigenen Person sind die entfesselten Symptome einer sozial-darwinistischen Grundhaltung. Das implizit gelebte Glückdogma: Wenn's dem Einzelnen gut geht, geht's allen gut", übersieht jedoch, dass eine Gesellschaft nur Zukunft hat, wenn sie auf ein langfristiges und gewolltes Miteinander setzt.

Kultur - das Mauerblümchen des Wandels

Die Kultur des Miteinanders erfordert aber den kritischen Diskurs und grundsätzlich mehr Zeit zum Reifen als jede Technologie. Ängste vor Neuem müssen abgebaut, Gewohnheiten unterbrochen, Einstellungen angepasst und unvertraute Verhaltensweisen etabliert werden. Jeder Tag, der nicht zum Kulturdiskurs genutzt wird und dem Zufall überlassen bleibt, ist ein verlorener und vergrößert die Kluft zwischen Arbeit 4.0 und Kultur exponentiell. Ganz zu schweigen von den potenziell ungenutzten Wirkungsgraden und versenkten Kosten einer strukturellen Innovation, die nur unzureichend von Einstellungen und Werten der Belegschaft getragen wird.

Wie divergent technologische und soziale Kulturentwicklungen verlaufen, zeigt sich gleich an mehreren Stellen im Unternehmen:

+ Einerseits stimmen überproportional viele Entscheider einer notwendigen Anpassung von Struktur und Kultur an digitale Geschäftsmodelle zu. Andererseits, so eine Deloitte-Studie zur Industrie 4.0 2020, sehen sie signifikante Defizite in der Vorbereitung ihrer Mitarbeiter auf die Anforderungen.
  (Link: https://www2.deloitte.com/de/de.html?icid=site_selector_de)

+ Obwohl flexible – im neuen Sprachduktus agile – Arbeitsstrukturen zur Bewältigung von Komplexität unabdingbar sind, wird weiterhin für die Standardisierung von Prozessen und Marktmodellen immenser Aufwand betrieben.

+ Strategisch wird zwar einer ganzheitlichen Sicht von Strategie und Unternehmenserfolg das Wort geredet, aber bei erster Gelegenheit ein aktuelles Ereignis adhoc als relevant geadelt und ohne Rücksicht auf Commitment und Neben- oder Fernwirkung zum Anlass umfassender Renovierungsmaßnahmen.

+ Kollaboration, d. h. nicht nur Zusammenarbeit unterschiedlicher Experten, sondern Teilhabe und Austausch an der Erfahrung anderer, steht als Arbeitsformat der Wahl auf der Agenda vieler Betriebe ganz weit oben. Gleichzeitig wird aber nicht gefragt, wie sie unter den Bedingungen von Individualisierungstrends und Egotrips machtmotivierter Eliten überhaupt funktionieren kann.

Führung: Synchronisieren von Kultur und Arbeit 4.0

Trotz einer auf den Kopf gestellten Arbeitswelt, dominieren oft genug alte Command- & Control-Dogmen und Aufstiegskarrieren das Innenleben eines nach außen hin modernen Unternehmens. „Des Kaisers neue Kleider" werden schnell zu Nebelkerzen der Beruhigung, wenn sie disproportional zum Körper sind. Damit die innere Haltung der Betroffenen, ihr Bewusstsein für den Wandel und ihr Zutrauen in dessen Gestaltbarkeit zum neuen Kleid passen, muss man es zusammen mit den Betroffenen schneidern oder ihnen Gelegenheit zum Hineinwachsen geben.

Gerade die Führung ist verantwortlich für die Synchronisation von technischer und kultureller Entwicklung. Sie setzt Impulse, gibt Orientierung und stellt Ressourcen zur Verfügung. Sie kann Task Forces etablieren, die ein vorschnelles Aufspringen auf Trends alleine dadurch schon verhindern, dass sie pragmatisch kritisch und direkt mit der Unternehmensspitze interagieren kann. Auch flache Hierarchien und das Einbinden der Mitarbeiter in die Gestaltung einer Arbeit 4.0 können Führungskräfte auf den Weg bringen und so Innovationen von lähmenden Kultur- und Strukturabhängigkeiten beschleunigen.

Das Cockpit für die synchronisierte Geschwindigkeit

Wie z. B. ein Unternehmen Schritt hält mit der Notwendigkeit zur Digitalisierung wird dadurch sichtbar, wie ihr Status quo und künftige Anforderungen übereinander gebracht werden. Daraus erst lässt sich etwas sagen über die Notwendigkeit neuer Arbeitsformate, Methoden, Führungs- oder Marktkonzepte. Der Check der dafür erforderlichen kulturellen Anforderungen gibt Auskunft, inwieweit etwa die Selbstführung der Mitarbeiter zur Erfolgssicherung beiträgt und ob die Frage relevant ist, welche Alternativen und Optionen es für die wegdigitalisierte menschliche Arbeit gibt.

Auch wenn es keine Folie für die Synchronisation von Arbeit 4.0 und Kultur gibt: ein systemisches Verknüpfen der Anforderungen setzt sie in Gang. Das bedeutet aber auch einen Perspektivwechsel. Erfolgskriterien sind nämlich nicht mehr nur auf messbare Kennzahlen beschränkt. Auch kulturelle Merkmale wie Innovationsfähigkeit, Kompetenzniveau, Komplexitätstoleranz oder Selbstführungsfähigkeit kommen auf die Agenda. Weitestgehend branchenunabhängig sind die vier externen Abhängigkeiten Komplexität der Situation, Markt, Technologieoptionen für Arbeit 4.0. und politische Rahmenbedingungen. Diese treffen auf die internen Abhängigkeiten Kapitalkraft, Kompetenzniveau, Strukturformate und Innovationsfähigkeit. Personen- und kulturell gebundene Ressourcen bestehen in der Experimentierfähigkeit, im Korpsgeist, Know-how-Transfer und in der Möglichkeit, selbstbestimmt verantwortlich zu handeln.

Das nachstehende Raster zur Analyse und vernetzten Maßnahmenentwicklung kombiniert die externen, internen und Personen- bzw. kulturellen Faktoren:

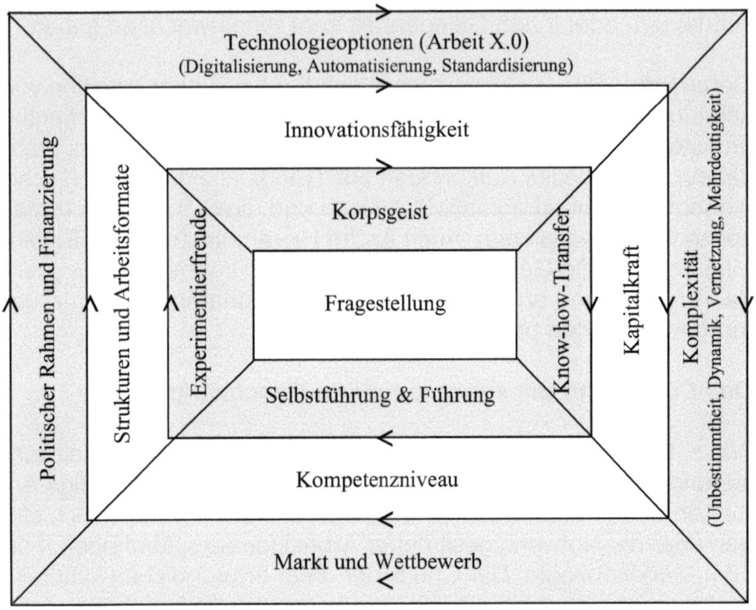

Der Kulturabgleich beginnt mit einer oder mehreren Fragen (etwa: Welche Konsequenzen ziehen wir aus dem Trend zur Digitalisierung?). Diese werden reihum an den externen (äußerer grauer Ring) und internen (weißer Ring) Abhängigkeiten als Ist-Soll-Abgleich diskutiert und hinsichtlich ihrer Bedeutung für die vier Personen- bzw. Kulturressourcen in Maßnahmen überführt. Im Beispiel der Abbildung werden „Korpsgeist", „Know how-Transfer", „Selbstführung", „Experimentierfreude" jeweils mit allen internen (Innovationsfähigkeit etc.) und allen externe (Technologie etc.) Abhängigkeiten kombiniert und infrage kommende Maßnahmen daraus abgeleitet.

Selbst singuläre, technische Veränderungen lassen sich so systemisch mit kulturellen Konsequenzen synchronisieren. Verzetteln, ständiges

Korrigieren und kulturelles Ignorieren von Arbeit 4.0 entfallen zugunsten einer skalier-, belast- und begründbaren Neuausrichtung.

9 Die schöne neue Welt: Benchmark oder Painpoint?

So weit sind wir also schon: Per Gesichtserkennung wird der Mensch gläsern! Sie sorgt im neuen iPhone z. B. für die Nutzeridentifikation, erkennt auf öffentlichen Plätzen Personen, identifiziert Homosexualität und gibt Alarm, wenn einer flunkert oder böse Absichten hat. Wozu also braucht es da noch Führungskräfte? Für den verantwortlichen Umgang mit den struktur- und kulturrevolutionierenden Entwicklungen der digitalen Disruptionen lautet dazu die wenig überraschende Antwort. Speziell aber für deren Relativierung und menschengerechten Gestaltung. Und das ist ambitioniert genug. Denn die technische rast der kulturellen Entwicklung ungebremst davon (vgl. auch 8.2).

Privatheit, das Schlachtopfer der Moderne

Grausliche neue Welt, sollte man meinen. Sie opfert Privatheit auf dem Altar des digitalen Fortschritts und raubt intimen Gedanken ihre letzten Abenteuerräume. Wirklich? Oder nur reflexionsarmes Geplapper euphorischer Evangelisten einer globalen Disruption der Wirtschaftsparadigmen und das nervige Gezeter hypochondrischer Nerds? Haben nicht schließlich IBMs Watson und humanoide Roboter a la Pepper gezeigt, dass sie mehr Marketingopfer als universale Datenanalysten sind, die Krebs heilen, Klimakatastrophen verhindern und Cyberterror beenden können? Solcherlei Mahnendes traut sich nun hie und da aus der Ecke.
https://www.wiwo.de/unternehmen/it/watson-ibms-supercomputer-stellt-sich-dumm-an/20325548.html
Keine Panik: Man muss aber nicht gleich wegen der lauter werdenden Kritik in das Lager der Maschinenstürmer wechseln. Denn in einer Epoche exponentieller Technikentwicklungen und eines wahrnehmbaren und aufrüttelnden Paradigmenwechsels in Wirtschaft und Gesellschaft gibt es naturgemäß viele Unbestimmtheiten und eine „multioptionale Orientierungslosigkeit“. Die hat der Zukunftsdenker eines Autobauers ausgemacht, als er über die Auswirkungen der zunehmenden Komplexität in der vielzitierten VUCA-Welt befragt wurde. Das Akronym steht für eine vielfältige (volatile), unsichere, komplexe und mehrdeutige (ambivalente) Welt. Infoclip zu VUCA: https://www.youtube.com/watch?v=F5D-ty9MvnE

„Alles, was entsteht, ist wert, dass es zugrunde geht“

Was aber angemessen sein kann, ist eine kritisch reflektierte Bestandsaufnahme mit ruhigem Blut und aus unterschiedlichen Perspektiven. Nicht nur aus einer bedrohenden, die den Wegfall von Traditionen und Etabliertem betont, sondern auch aus der eines ohnehin steten Wandels.

Schon Goethe ließ Mephisto mit „denn alles was entsteht, ist wert, dass es zugrunde geht" den Pessimismus seiner Zeit zelebrieren und drückte damit auch die Vergänglichkeit alles Irdischen aus. Eine universal gültige Prozesslogik, der der Mensch und die Natur unterworfen sind, ist Fiktion. Auch noch so aufgeregt gepuschte Hypes sind nur Momentaufnahmen. Nichts ist beständiger als der Wandel.

Das Beispiel Watson zeigt, dass selbst selbstlernende Algorithmen nur unzureichend mit großen Datenmengen umgehen können. Wie schwierig wird es dann erst, die nahezu unbegrenzte Komplexität der menschlichen Gefühle abzubilden. Algorithmen schaffen Menschen und folgen deren Modellvorstellungen, die nur eine von vielen sind. Die programmierte Logik Mienenspiel–Emotion–Verhalten–Beeinflussung folgt zwar komplizierten Wirkbeziehungen, hat aber nichts mit der wahren Komplexität menschlicher Regung zu tun. Die Informatikprofessorin Zweig stellt jüngst klar, dass Algorithmen nur für Korrelationen, also Wahrscheinlichkeiten taugen und ausschließlich vom Wissen ihrer Programmierer abhängen. Von kausalen oder gar wahren Aussagen sind sie weit entfernt. https://www.haufe.de/personal/hrmanagement/Algorithmen-im-HR-Management-keine-neue-Wunderwaffe_80_446796.html?ecmId=25627&ecmUid=3119932&chorid=00571838&newsletter=news%2FPortal-Newsletter%2Fwirtschaft%20%2B%20weiterbildung%2F137%2F00571838%2F2018-03-29%2FTop-News-Algorithmen-im-HR-Management-keine-neue-Wunderwaffe
Daher gilt immer noch bei allen Prognosen: Shit in, Shit out.

Grenzen der Künstlichen Intelligenz erkennen

Auch die faszinierenden Fortschritte der Künstlichen Intelligenz, die Maschinen vom Programmierer emanzipieren, lassen nicht hinter die Bühne objektiver Daten schauen. Ja, Algorithmen mögen selbstständig lernen, Verhaltensmuster erkennen, Musik- und Lesepräferenzen benennen und mit der exponentiellen Zunahme ihres Datenfutters auch ihr Lernen und ihre Prognosen schärfen. Sie schärfen damit aber auch das Bewusstsein für deren Missbrauch und sensibilisieren - vielleicht sogar Social Media Nerds - für ein zurückhaltendes Mitteilungsbedürfnis. Und: sie lösen einhausende Regeln und Gesetze aus. Solange die Watsons und Peppers der digitalen Welt dilettieren und Übersetzungsapps drollige Satzkreationen hervorbringen, sehen wir deren Grenzen und können gestaltend eingreifen.
Die Fehleranfälligkeit informationstechnischer Innovationen verhindert zwar nicht heute noch nicht vorstellbare Optionen einer 0-1 getriebenen Zukunft. Sie relativiert sie aber und sensibilisiert die Gesellschaft z. B. für

die Fragwürdigkeit von Persönlichkeits- und Verhaltensprognosen mittels künstlicher Intelligenz. Relativieren heißt nicht, Schönreden oder Ignorieren bedrohlicher Entwicklungen, um Ruhe zu haben und ggf. kognitive Dissonanzen zu reduzieren. Sie schafft vielmehr mutigen und experimentierfreudigen Menschen Raum, Chancen zu entwickeln und Risiken einzugrenzen. Den Zukunftsszenarien das Bedrohliche zu nehmen und sich nicht als Opfer, sondern als Gestalter zu erleben, sind die beabsichtigten Nebeneffekte einer relativen Betrachtung des nicht enden wollenden Digitalorkans. Es gibt kaum Sinn, gegen technologische Entwicklungen zu polemisieren und zu kämpfen, viel
jedoch, sie mit überzeugender Verve menschengerecht zu formen.

Transformation in ein neues Denken und öffentliche Kontrolle

Weder ist einem Radiologen geholfen, noch dem Lagerarbeiter, wenn sie permanent hören müssen, dass „Maschinen" ihre potenziellen Nachfolger sind. Weder hilft es dem Eignungsdiagnostiker, noch dem Verhandlungsführer, wenn ihnen Algorithmen als künftige Arbeitsplatz-Vernichter angedroht werden. Was aber allen nützlich sein kann, ist die Schärfung ihrer Kreativität, Intelligenz und das Gefühl ihrer Selbstwirksamkeit, die sie resilient macht gegenüber Verwerfungen ihrer Jobs. Zugegeben: Wirtschaft und Gesellschaft sind in diesem alle Lebensdomänen umfassenden Change noch arg „old school" getriggert. Die Werkzeugkästen von old- und new-school- Führung unterscheiden sich beträchtlich wie untenstehende Tabelle zeigt.

Wandel der Managementinstrumente

KPI	}	Ergebnisbetrachtung
Budget und Forecast		Relative Leistungsverträge
Organigramm		Systemische Strukturen
Leistungsbeurteilung		Kollaboration
Individualisierung der Arbeit		Kollektivierung
Know how-Silos		Know how-Gesellschaften
Standardisierung		Experimente

Zunehmende Dynamik, Komplexität und Mehrdeutigkeit werden weiterhin eifrig mit Werkzeugen des Managens einer längst überholten Organigrammkultur gekontert. Obwohl es hilfreicher wäre, mit

+ experimentellen Ansätzen an neuen Denkstilen zu arbeiten,
+ innerem Probehandeln und Kopfkino gewohnte Komfortzonen zu verlassen,
+ selbstwirksamkeitsrelevanten Strategien irrationale Ängste zu bewältigen und
+ ressourcenklärenden Coachings an persönlichen Grenzen zu arbeiten,

werden mit Inbrunst Methoden und Vorgehensweisen der ökonomischen Entscheidungslehre zur Bewältigung von Komplexität auf die Agenda der Problemlösung gesetzt.

Wie wenig in schwierigen Situationen Methoden alleine helfen, zeigt die ritualisierte Rhetorik von durchaus intelligenten Verantwortungsträgern in Politik, Wirtschaft und Medien im Umgang mit Krisen: wortreich wird abgewiegelt. Tschakka-Rabulistik vernebelt die Einsicht, dass nicht alles machbar ist und mit zunehmender Komplexität das Nichtwissen steigt.

Kampfrhetorik dominiert anstelle Persönlichkeit. Selten gelingt damit eine tragfähige Zukunft. Gewohnheiten und Komfortzonen sind mächtige Kombattanten im Verteidigen von Budget, Ritualen und Rang. Bewusstseinsbildung, globale Regeln und Kontrolle sind und bleiben in einer gierigen Politik und Wirtschaft defizitärer und fallen als Aktionsfelder einer breiten, öffentlichen Einhausung der digitalen Zukunft aus. Umso mehr kommt es in den Abteilungen der Unternehmen auf medienkompetente, komplexitätsrobuste und selbstführungsfähige Menschen an.

Die menschengerechte Zukunft der digitalisierten Wirtschaft fängt dort an, wo Führung dem verstörenden und zugleich betörenden Paradigmenwechsel in der betrieblichen Wertschöpfung emanzipierte und gestaltungsfähige Mitarbeiter zur Seite stellen.

Nicht nur Wissen und Daten, sondern auch Haltung und Emotion sind Macht. Das ist unumkehrbare Binse. Mit dieser Einsicht jedoch lenken Führungskräfte den Datenhunger der Algorithmen und deren Eroberung der Seele um in eine von Menschen gewollte und gestaltete Zukunft. Deren Domänen sind Kollaboration, Tabubrüche, Reflexion, Komplexitätsbewusstsein und Selbstführung. Dafür braucht es Wagemutige und keine Feiglinge.

10 Transformation allerorten - hat Führung jetzt ausgedient und was tun mit der Komplexität?

10.1 Was tun, wenn der Komplexitätsdruck zunimmt?

Seit jeher sind Betriebe im ständigen Wandel und gezwungen, sich an neue Bedingungen anzupassen. Daran hat sich bis heute nichts geändert. Mal mehr, mal weniger rabiat greifen digitale Technologien radikal in die bestehenden Geschäftsmodelle ein, so dass der Niedergang mancher Branchen innerhalb weniger Jahre vorprogrammiert scheint.

Streamingdienste attackieren den physischen Tonträgerhandel, 3-D-Druck den mechanischen Prototypenbau und Apps die materialbezogene Schlüsselfertigung. Waren früher solche Umbrüche eher schleichend, sind sie heute unmittelbar und disruptiv.

Paradoxe Veränderungswelt

Die Zeit, darauf zu reagieren, wird immer kürzer. So stellt notwendigerweise die herstellende Industrie die Kompassnadel auf „Industrie 4.0“ bzw. auf digital vernetzte Prozesse. Auch die gesamte Dienstleistungsbranche ist gut beraten, ihre Geschäftsmodelle zu überdenken, wenn sie Zukunft erleben will. Unabhängig von Branche und Größe sind Unternehmen im Vergleich zu früher dynamischeren und intensiveren Wandlungsprozessen ausgeliefert: ob sie wollen oder nicht. Internet, Big Data und Co. bringen Konzerne zum Erodieren und Start-Ups zum Explodieren. So nach und nach dringen die sicht- und hörbaren Einschläge der kreativen Zerstörung analoger Geschäftsmodelle ins Bewusstsein. Aber offenbar nicht so tief, dass die Old Economy ihre gewohnte Ruhig-Blut-Strategie zur Disposition stellt. Man mag nur noch den Kopf schütteln, wenn man in einer deutschlandweit repräsentativen Unternehmensbefragung der Bitcom liest, dass 62 % der befragten Unternehmen auf die gezielte Entwicklung von digitalen Kompetenzen ihrer Mitarbeiter verzichten und sogar 68 bzw. 70 % über keine Digitalstrategie und eben noch weniger über ein Budget dafür verfügen. Aber gleichzeitig ist die Mehrheit von der Digitalisierung der Wirtschaft beeindruckt und betroffen. Es ist paradox: Einerseits weiß man um die Herausforderung, andererseits zögert man, zu handeln.

Geschäftsmodelle vom Ende her denken

Das Klein-Klein und Weiter so in ruppigen und drastisch volatilen Wettbewerbsbedingungen sind Totenglocken der Zuspätgekommenen. Wohlgemerkt: Es geht nicht darum, aktionistisch einem Trend zu folgen, sondern ein bestehendes Geschäftsmodell vom Ende her im Kontext eines heute schon vermuteten und morgen ggf. existenten Kontextes zu betrachten. Auf Fortschritt ausgerichtete Organisationen stellen immer mal wieder ihr Geschäft auf den Prüfstand. Sie spielen Worst-Case-Szenarien durch, indem sie es hypothetisch als gescheitert betrachten und die Gründe dafür diskutieren. Das schärft ihre Sinne für Anfälligkeiten, aber auch für Alternativen. Man muss dafür auch nicht ins „Valley" touren: der kreativen Kraft des eigenen Geistes vertrauen genügt.

Vor und während einer Veränderung fallen der Personal- und Organisationsentwicklung dabei die Rollen des Innovators und Gestalters zu. Sie dosieren den aufkommenden Druck auf die Entscheider mit nachvollziehbaren Struktur- und Personalperspektiven. Insbesondere aber konzipieren und handeln sie im Bewusstsein, dass Veränderungen Zeit, Geduld und breite Planungskorridore benötigen.

Transformation ist komplex und dauert

Denn was für alle Betriebe gilt – vom Maler- bis zum Industriebetrieb, ist ein enormer Anpassungsdruck mit vielen Unbekannten. Die Unterschiede liegen in der Dringlichkeit. Die Wichtigkeit gilt für alle. Der Anpassungsdruck manifestiert sich heute schon in

- Reaktionsschnelligkeit, um den Anforderungen an den Innovationen, Kompetenzen und Zusammenarbeit gerecht zu werden,
- neuen Formen der Zusammenarbeit im Rahmen von vernetzten, fachübergreifenden Arbeitsgruppen,
- vernetzten Ablaufprozessen, die das lineare Organigramm-Handeln durch agile Formate ersetzen,
- der Digitalkompetenz von Fach- und Führungskräften, um digitale Trends verstehen und beurteilen zu können,
- neuen Anforderungen und neuen Jobs, die traditionelle zunächst ergänzen und dann ablösen,
- einer Hierarchieerosion aufgrund von vernetzten und flexiblen Arbeitsformaten,
- Crowd-Working, das temporär Wissen und Erfahrung von vielen vernetzt und nutzt sowie
- in horizontalen Kooperationen und strategischen Allianzen zwischen analoger und digitaler Wirtschaft wie es etwa Leica und Huawei seit Neuem praktizieren.

Wer in diesem Transformationsturbo erfolgreich sein will, muss in Zeit, Menschen und ihre Potenziale investieren. Der Komplexität und dem digitalen Neuland können mit alten Rezepten und coolen Sprüchen kaum mehr begegnet werden. Ein radikales Umdenken ist angesagt.

HR schafft die Kultur, Management verantwortet sie

Eine einigermaßen vorausschauende Personalentwicklung trägt zur Bewältigung solcher Anforderungen bei, indem sie spezifische Fähigkeiten und innovative Formate zu deren Entwicklung definiert. Die Kunst liegt dann darin, dass sie sich nicht in Details verliert und meint, mit dem 25. Aufguss eines Leadership-Assessments für die Zukunft gerüstet zu sein, sondern besonnen und systemisch auf die Voraussetzungen und Konsequenzen des digitalen Wandels abhebt. Dafür gibt es keine Blaupausen: nur Plausibilitäten oder Vermutungen und den Zwang zum deduktiven Vorgehen. Also zum Ableiten von Fähigkeiten, die in der betrieblichen Zukunft vermutlich eine Rolle spielen werden. Dies geht nicht ohne Demut vorm Gelingen, Akzeptanz von Rückschlägen und Mut zum Experimentieren. Den Boden dafür muss die Personalentwicklung beackern, das Management projektverantwortlich sein. Nur so wird ein herausfordernder Wandel als gewollt und verbindlich wahrgenommen.

Die Praxis zeigt, wie es gehen kann

In einem Transferprojekt eines großen Maschinenbauers ergaben sich in diesem Denkrahmen zwei zentrale personenbezogene Eigenschaften und zwei zentrale aktivitätsbezogene Maßnahmenfelder, auf die die Personalentwicklung zur Bewältigung der strategischen Anforderungen seit fast zwei Jahren hinarbeitet:

- Vernetztes, systemisches Denken und Handeln der Fach- und Führungskräfte, um mit Komplexität einigermaßen umgehen zu können, und
- Diversity-Mentalität, um aus der Vielzahl von Sichtweisen und Kulturen Impulse zu erhalten.
- Know-how-Transfer als Effizienzreserve und
- kollaboratives Lernen und Arbeiten, um Expertenwissen zu teilen und Strukturen operativ zu flexibilisieren.

Die Formate zur Kompetenzentwicklung haben sich dahingehend verändert, dass aus Seminartagen ein „Integriertes Lernen“ am Arbeitsplatz entstand. „Microsessions“ in Arbeitsbesprechungen, moderierte Erfahrungszirkel, arbeitsimmanente Lernstrukturen mit Lessons learned-Ansätzen im Dialog mit Kollegen und Vorgesetzten und die klassischen Formen von Coaching und Supervision von Steuerungsgruppen sind neben Großgruppenveranstaltungen die Bildungsformate dazu. Mitarbeiter werden nicht mehr beschult, sondern diskutieren miteinander, recherchieren selbst nach Informationen und Antworten, puzzeln aus kleinen Lösungsideen große Zusammenhänge und betreiben ergebnisoffen ihren eigenen Lernprozess. Das braucht alles keine großen Technologien oder modern klingende Buzzwords, sondern einfach eine offene und vertrauensvolle Interaktion zwischen den Beteiligten und die Verankerung ganz oben. Noch ist es ein zweijähriges Pilotprojekt in Marketing und Vertrieb. Bald, so der verantwortliche Personalentwickler, jedoch eine Roadmap für das gesamte Unternehmen.

10.2 Welche Rolle übernimmt die Führung?

Von Cloudcomputing über Smart Factory bis Big Data Management nutzen Unternehmer und Manager mal mehr oder mal weniger die Digitalisierung ihrer Betriebe, um wettbewerbsrobuster und zukunftsfähiger zu werden. Neue Geschäftsmodelle lösen alte ab. Teams kollaborieren in flachen Hierarchien. Jobs kommen und gehen. Strategische Innovationen disruptieren traditionelle Arbeitsformen: Schumpeters kreative Zerschlagungsrhythmen nehmen rasant Fahrt auf. Und welche Rolle übernimmt dabei die Führung?

Führungsfreiheit: Gebot der Stunde?

Mehr denn je sind für die komplexen und tiefgreifenden Veränderungen Mitarbeiter erforderlich, die hochkompetent, flexibel, eigenmotiviert und proaktiv den technologiegetriebenen und sozialpsychologisch anspruchsvollen Wandel vollziehen. Sie arbeiten in teilautonomen Teams und agilen Projektstrukturen. In der Managersprech hört man dafür auch neuerdings „working out loud“(https://de.wikipedia.org/wiki/Working_out_loud) .Eine direkte Führung solcher Mitarbeiter ist im Grunde überflüssig, da sie selbstverantwortlich regeln, was sie warum und wie zum Erreichen der gesetzten Ziele tun. Einerseits!

Was hierarchiefreies Arbeiten bremst

Andererseits kann man sich eigenmotivierte Mitarbeiter zwar wünschen und berechtigt fordern, aber man wird sie nicht voraussetzungsfrei im Unternehmen oder im Markt finden. Vermutlich werden nur ein paar wenige selbstständig arbeiten wollen und können. Es wäre auch illusorisch, zu erwarten, dass man Menschen, um ihre Eigeninitiative zu mobilisieren, ihnen nur transparente Informationen, den Zusammenhang sowie Sinn und Zweck der Aufgaben vermitteln müsse. Das mögen notwendige Bedingungen sein, aber noch keine hinreichenden.

Ein weiterer Bremsklotz für eine vorgesetztenfreie Arbeitsstruktur liegt in den vielfältigen, unbestimmten, komplexen und mehrdeutigen Anforderungen an die Belegschaft. Auch flache Hierarchien und die Delegation von Befugnissen und Verantwortung lähmen mehr als erwartet: sie können verunsichern und zur Selbstausbeutung animieren. Erst wenn Mitarbeiter eingebettet sind in eine kollaborativ angelegte Arbeitsstruktur und in eine experimentierfreudige und Irrtum zulassende Arbeitskultur, kann der einzelne von anderen Personen und flachen Hierarchien profitieren und seine Unsicherheit reduzieren. Interaktion demokratisiert und stützt die Transformation.

Vom Chef zum Impulsgeber

Zwar verlangen Veränderungen selbstführungsstarke Mitarbeiter, aber dafür müssen auch die strukturellen und individuellen Voraussetzungen vorliegen bzw. geschaffen werden. Damit das gelingt, sind Unternehmen auf Initiatoren und Verantwortliche angewiesen: auf Führungskräfte mit einem anderen Rollenverständnis als es aus Command- und Control-Kulturen resultiert. Auf Menschen, denen eine wertschätzende Mentalität genuin innewohnt, und die

- Impulse für ambitionierte Ziele und mögliche Optionen setzen,
- helfen, sich in unstrukturierten, komplexen Situationen zurecht zu finden,
- Ressourcen und Entwicklungswege zur Verfügung stellen,
- Kollaborationen organisieren und koordinieren,
- gemeinsam mit den Mitarbeitern experimentieren,
- Widerspruch aushalten und zum Querdenken motivieren,
- proaktiv Selbstführung praktizieren und sie Mitarbeitern ermöglichen und
- gleichzeitig die Grenzen des Machbaren ausreizen und Selbstausbeutung verhindern.

Um diesen Anforderungen gerecht zu werden, sollten sie über ein hohes Maß an Toleranz und übergreifendem Denken besitzen. Aus dem alten Verständnis, verantwortlich für Ergebnis und Mitarbeiter zu sein, müssen sie aus- und in das des Ermöglichers und Impulsgebers einsteigen.

Führungskräfte induzieren Zukunftsdenken und Schlagkraft

Wenn Firmen die strategischen Chancen der Digitalisierung nutzen wollen, sind sie nicht nur auf ein veränderungsfreundliches Topmanagement angewiesen. Gerade für flache Hierarchien sind „Chefs" in der Etappe notwendig, die die Identifikation der Belegschaft mit dem Strukturwandel ermöglichen. Führungskräfte allerdings, die in den agilen und flexiblen Arbeitsstrukturen keinen Mitarbeitern oder Abteilungen fest zugeordnet sind, sondern die mal direkt oder mal virtuell mit Mitarbeitern den gewollten Wandel realisieren. Ein allgemeines Kompetenzmodell für diese Art Führung wird schon alleine aus dem Grund der hohen Situationsspezifik scheitern. Im Grunde müssen sie in der Lage sein, Mitarbeitern Eigenentwicklung zu ermöglichen, ihnen zu vertrauen und selbst vernetzt, ganzheitlich zu denken sowie proaktiv die eigene Selbstführung fortzuentwickeln.

Digitalisierung, Automatisierung und Standardisierung führen zwangsläufig dazu, dass nicht nur Routineaufgaben, sondern auch anspruchsvollere geistige Aufgaben von Maschinen erledigt werden. schon heute koordinieren Algorithmen komplizierte Fertigungs- und Kundenprozesse. Strategische, kreative und soziale Aufgaben bleiben aber weiterhin die menschlichen Domänen. Um für derart gravierende, aber noch unbekannte Veränderungen Verständnis, Alternativen und Akzeptanz in der Belegschaft zu sorgen, braucht es Führungskräfte, die auf diese Terra incognita visionär einwirken und deren Konkretisierung partizipativ mit Mitarbeitern betreiben. Dazu müssen sie den Link zwischen den betrieblichen Gegebenheiten, den gesellschaftlichen und technologischen Entwicklungen konfigurieren und ihre gestaltende Macht im Team teilen.

Die wahrscheinliche Welt der Führungskraft als Explorer und Gestalter

Komplexe und unsichere Situationen schaffen eine Arbeitswelt voller Optionen, die aber nur im Team gefunden und ausgestaltet werden können. Führungskräften wird das erst dann gelingen, wenn sie die Top Down Perspektive durch eine systemische ersetzen und eine demokratisierte und wertschätzende Arbeitskultur erzeugen. Dafür schaffen sie Settings, in denen Mitarbeiter von Beginn an in Entscheidungen eingebunden sind, Zugang zu notwendigen Ressourcen haben und als Dialogpartner aktiv die Veränderung verantworten. Das setzt Vertrauen, Zutrauen und Kompetenz auf beiden Seiten voraus, was über kurz oder lang zu den bereits erwähnten selbstführungsfähigen Mitarbeitern führt.

Nicht nur, aber gerade für eine Arbeitswelt voller Disruption und Transformation resultieren aus diesen Überlegungen drei Führungsfunktionen, auf die Führungskräfte vorbereitet sein sollten:

+ Erkunden und Ermöglichen von Veränderungsformaten im Kontext von externen und internen Abhängigkeiten der künftigen Geschäftslogiken
+ Gewährleisten einer systemischen, dialogischen und sozialverträglichen Arbeitskultur
+ Herstellen von Perspektivvielfalt zur robusten Unterfütterung der Zukunftskonstruktion

Da die sozialen Auswirkungen dieser Führungsfunktionen subjektiv wahrgenommen werden, führt die Führungskraft die unterschiedlichen

Wahrnehmungen der Beteiligten zusammen und lotst sie durch die blinden Flecken der Zukunft des Unternehmens. Eine Arbeit, die nie enden wird und flache Hierarchien, Selbstführung der Mitarbeiter und die eine institutionelle Führung rechtfertigt. Wenn auch in anderer Form. (s. auch Führung durch Selbstführung in diesem Band)

Führung hat also keineswegs ausgedient! Wie aber geht sie mit der Komplexität um und welche Haltung nimmt sie ihr gegenüber ein?

11 Wir können Komplexität nicht aus der Welt schaffen, aber uns darauf einstellen

Populäre Begriffe wie systemisch, komplex, vernetzt, dynamisch, agil werden gern als Ausrede für gescheiterte Projekte und Zielabweichungen benutzt, signalisieren sie doch die Grenzen der klassischen Vorgehensweisen in schwierigen Projekten. Ganttdiagramme, Sankey-Methoden, kritische Pfade oder andere Klassiker der Managementmethoden helfen nicht, mit schwer durchschaubaren Situationen und dynamischen Veränderungen klarzukommen. Auch schlaue Ratschläge, was man eher lassen und besser tun sollte, führen nicht weiter, weil es für das Meistern von Komplexität keine Blaupausen gibt. Deswegen ist es zur Sensibilisierung für Komplexität sehr sinnvoll, Situationen unterscheiden zu lernen. Als Grundmuster dafür dient die Differenzierung in einfache, komplizierte, komplexe und chaotische Situationen. Die nachstehende Abbildung gibt dazu einige Hinweise.

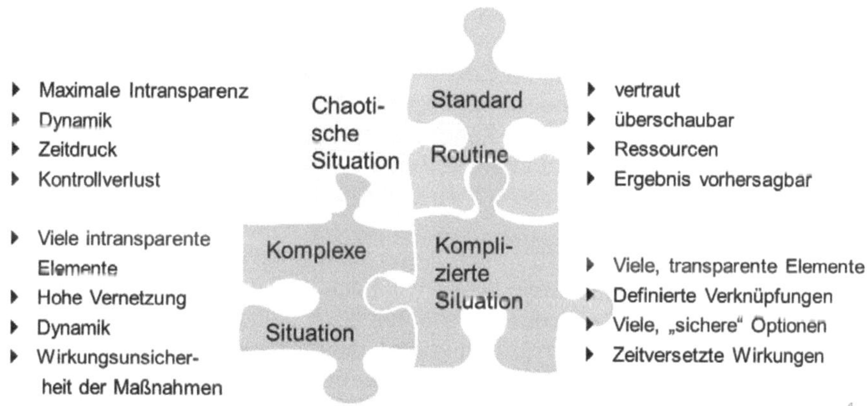

Abb.: Handlungssituationen

In Standard- oder einfachen Situationen kann mit hoher Effektivität Routinewissen eingesetzt werden. Komplizierte Situationen verlangen hohe Expertise und analytische Begabung sind aber beherrschbar, weil die Anforderungen relativ transparent sind. Erst bei komplexen und chaotischen Situationen reicht epistemisches Wissen nicht mehr aus und ist vielfach sogar hinderlich. Experimentieren, Versuch-Irrtum, Intuition und systemisches Denken sind die Herausforderungen des Agierens in solchen Situationen.

Nebelkerzen gaukeln Machbarkeit vor

Die lauten Rufer nach disruptiven Geschäftsmodellen, agilen Arbeitsstrukturen oder Arbeit 4.0 springen arg kurz, wenn sie neben der gründlichen Analyse des Warum versäumen, die für die „Disruption“ notwendigen strukturellen und kulturellen Voraussetzungen zu beschreiben. Selbst das wäre aber nur notwendig. Hinreichend ist es nicht und wird es auch nie werden. Komplexität entzieht sich anders als Kompliziertheit der logisch analytischen Berechenbarkeit. Diese Einschätzung kann vor einem Kardinalfehler im Umgang mit Komplexität schützen: der Kontrollillusion. Zum Begriff Kontrollillusion:
https://www.youtube.com/watch?v=2g8cd4rNR74

Komplexe Situationen sind deswegen komplex, weil sie immer einmalig sind und deswegen ständig neue Ideen und Vorgehensweisen erfordern. Im Unterschied zu komplizierten Problemen wie etwa das Entwickeln einer neuen Antriebstechnik, die man mit Ansammeln und Generieren von Wissen innovieren kann, ist es bei komplexen ratsam, bei null anzufangen und der Erfahrung abzuschwören. Ja, die kann sogar schädlich sein, weil sie zum Beibehalten von Gewohnheiten verführt. Wer jemals versucht hat, etwa den Niedergang eines Produktes mit noch mehr (Produkt-)Marketing umzukehren, kennt die Grenzen mechanistischer Anwendung von Methoden und die verheerenden Auswirkungen, beim Alten zu bleiben und „Viel hilft viel“ zu praktizieren.

Auch Berater, helfen kaum weiter, wenn sie nur fordern, quer zu denken, Muster zu erkennen, Perspektiven zu wechseln. Denn wann, warum und wie soll das geschehen oder wie soll das auch gelingen, wenn die Denk- und Arbeitskulturen in den Unternehmen dies alles kaum zulassen? Berater müssen sich entfernen von der Rolle des Wissenden und selbst bereit sein, Misserfolg in Kauf zu nehmen und viele Experten in die Beratungsarbeit zu integrieren. Für Great-Man-Verliebte geradezu Teufelszeug!

Entspannt auf Komplexität gefasst sein

Komplexität resultiert aus Unbestimmtheit, vielen voneinander abhängigen und kaum berechenbaren Merkmalen, die von unvorhersehbaren Ereignissen beeinflusst und sich äußerst volatil verhalten (s. a. „Wie Führungskräfte für das Meistern von Komplexität fit werden“ in diesem Band). Komplexität beherrschen zu wollen, ist egomaner Hochmut von Machbarkeitsaposteln! Darauf sich einstellen und sich im systemischen Denken fit machen, sind jedoch praktikable Anfänge. Denkgewohnheiten aufgeben, Arbeit partizipativ strukturieren, systemisch statt linear handeln, von Lösungsdogmen sich befreien, flexible Strukturen einführen: So könnten Aktionsfelder zum Fitwerden für den Umgang mit Komplexität lauten. Aktionsfelder im Modus des Experimentierens und Simulierens, mit dem Ziel, vertraut mit alternativen Szenarien und Mindsets zu werden. Der Echtfall fiele dann schon mal leichter, weil sich der Kopf schon spielerisch und entspannt mit etwas Neuem beschäftigt hat.

Für manche Unternehmen bleibt aber nicht mehr viel Zeit zum Üben. Gerade herstellende Betriebe stehen ziemlich hilflos vor der dramatisch zunehmenden Dematerialisierung der Industrie und damit dem Verschwinden ganzer Produktbereiche. Wer gestern noch Filmzelluloid produzierte, Zylinderblöcke goss, Pleuelstangen drehte, Glühbirnen fertigte oder Fahrzeugschlüssel herstellte, wird morgen möglicherweise Arzneimittel produzieren, Solaranlagen planen, Medizintechnik entwickeln oder Halbleiter- und Softwarespezialist sein. Der Wandel hat rasant Fahrt aufgenommen und führt zu radikalen Umbrüchen, zur „kreativen Zerstörung" bestehender Geschäftsmodelle ganz im Sinne des alten Schumpeter. Disruption ist allenthalben und überall. http://www.dw.com/de/disruption-wie-bitte/av-42654437

Mit Trockenübungen den Rubikon überschreiten

Selten ist es ja so, dass Komplexität unmittelbar zuschlägt, einen unumkehrbaren Punkt beinhaltet und Ursachen eindeutig zuordnen lässt. Sie schaukelt sich aus vielen kleinen Ereignissen auf: Da mal zu kurz gedacht, dort eine dritte Meinung nicht eingeholt, gelegentlich nicht umfassend informiert, was alles zusammen in irgendeiner Abteilung die innere Emigration eines Mitarbeiters auslöst, die wiederum die Termintreue einer Aufgabenerledigung verzögert, was zu Kompensation durch Mehrarbeit führt ... , das am Ende zu einem Produktionstopp beiträgt, weil ein Zulieferer ... .

Sie kennen das Beispiel mit dem Besenstil und der Pollenepidemie. Über Neben- und Fernwirkungen des Handelns wird in dem Hamsterrad des Funktionierens kaum räsoniert. Erfolg schlägt Nachdenken. Mehr Controlling, bessere Planung und Effizienz um jeden Preis! Das führt gelegentlich zum Coffin-Corner-Effect (s. Links), wonach schon eine minimale Störung der Balance zwischen Schnelligkeit und Effizienz zum Absturz des Unternehmens führt. Man kann auch sagen: Das Hamsterrad überdreht und die Hamster fliegen wie bekifft raus. https://de.wikipedia.org/wiki/Coffin_Corner, https://www.haufe.de/personal/hr-management/organisationsentwicklung-effizienzsteigerung-im-coffin-corner_80_336076.html

In schwierigen Lagen Extrameilen gehen, ist zwar beliebt, aber heißt nur, „Mehr vom Gleichen“ und das mit Wucht. Perspektiven erweitern, Fragestellungen klären, Zusammenhänge herausarbeiten, kollaborative Strukturen auszuprobieren und erst einmal Optionen zu simulieren bleiben dabei auf der Strecke. „Machen!“ als Managerdevise ignoriert Komplexität. Experimentelle Trockenübungen machen sie vertraut und verhindern Hau-Ruck-Aktionen.

Wer komplexitätsrobust werden möchte, sollte in radikalen Umbrüchen von Strukturen und Geschäftszwecken sich rasch daran gewöhnen,

- Know-how zu teilen,
- in flexiblen Gruppenstrukturen zu arbeiten,
- vernetzt zu denken und zu handeln,
- den Denkstil „alles ist machbar“ aufzugeben,
- Planungsideologien abzuschwören,
- nicht zu schnell mit plausiblen Lösungen zufrieden zu sein,
- systemische Methoden (etwa Sensitivitätsanalyse) einzusetzen,
- „rückwärts“ zudenken,
- Szenarien zu simulieren,
- Crowdsourcing zu initiieren
-

Auch das bietet letztlich keine Garantie für das Beherrschen von Komplexität, immerhin jedoch ein gutes Trainingsfeld, um sich darauf vorzubereiten und sich selbst, die Arbeitsstruktur und -kultur zu innovieren und komplexitätsrobust zu machen. Aber erst dann, wenn es notwendig ist. Dann jedoch mit Macht, Kraft und Beharrlichkeit und einem Quäntchen Demut vorm Nichtgelingen.

12 Das Meistern von Komplexität ist möglich

Komplexität ist allgegenwärtig: wer sich positionieren und behaupten, Mitarbeiter gewinnen und halten, Menschen und Strukturen entwickeln möchte, erlebt sie ständig. Bei hohem Innovationsdruck und –tempo verliert man gerne auch schon mal den Überblick. Und das ständige Disruptionsgetöse treibt die Unsicherheit noch mehr an. Alles fließt und alles hängt mit allem zusammen. Dennoch ist Komplexität zu einer inflationär gebrauchten Hohlphrase geworden, die insbesondere das Versagen der Macherelite adelt und daran hindert, sie aktiv anzugehen. Dabei steht der Begriff Komplexität keineswegs für „vernebelt“ und „diffus“ , sondern ist beschreibbar und führt zu konkreten Anforderungen an das Denken und Verhalten von Führungskräften. Und: die können etwas tun, um solchen Anforderungen gerecht zu werden:

Fach- mit systemischer Expertise ergänzen

Komplexe Situationen erfordern nicht nur Weitblick, sondern auch die Integration verschiedener Sichtweisen und Demut vorm Nichtwissen. Diese grundsätzlichen Anforderungen gehen weit über die fachlichen Kompetenzen von Mitarbeitern hinaus. Diese machen zwar ggf. Karriere, wenn sie ihre fachliche Expertise voll zur Entfaltung bringen, scheitern aber gerade deswegen in komplexen Situationen, weil sie oft nicht unabhängig von ihren Erfahrungen neue und ungewohnte Lösungen und Szenarien entwickeln können, sondern lieber beim Alten und Bewährten bleiben. Komplexe, mehrdeutige und vielschichtige Situationen sind ja gerade typisch dafür, dass es zu deren Bewältigung keine Blaupausen oder standardisierten Vorgehensweisen gibt - sonst wären sie ja nicht komplex. Wer sie meistern will, muss andere Einstellungen und Fähigkeiten als Fachexpertise entwickeln. Dazu gehören etwa die Bereitschaft und das Bestreben

+ vernetzte Zusammenhänge systemanalytisch zu betrachten,
+ sich iterativ aus Versuch und Irrtum Lösungsoptionen zu erarbeiten,
+ Struktur und Vernetztheit einer Situation zu erkennen,
+ mit ersten und vermeintlich plausiblen Lösungen konstruktiv unzufrieden zu sein,
+ lineares Wenn-Dann-Denken durch systemische Vorgehensweisen zu ersetzen.

Gewohnte und routinierte Verhaltensweisen sind dafür jedenfalls kontrafaktischer Natur. Da sie aus kulturell gepflogenen und daher gut gelernten Arbeits-, Führungs- und Managementmethoden entstanden sind, sind sie für den Umgang mit neuen und vieldeutigen Situationen kaum geeignet.

Gewohnheiten revidieren

An die Stelle von Erfahrung und Wissen treten nun
+ die Revision von Einstellungen, Denkstilen und Wahrnehmung sowie
+ das Anwenden systemischer Methoden wie etwa Systemanalysen, Netzbilder, Matrix, Simulation etc.

Beide Ebenen sind ungewohnt und erzeugen unbewussten Widerstand, weil sie Routinen und Gewohnheiten im Wege stehen. Durch spezielle Trainingsformate wie etwa Erfahrungslernen oder arbeitsplatzimmanente Trainings können sie aber entwickelt und miteinander kombiniert werden.

Mit gelenkter Reflexion werden die personentypischen Arbeitsweisen und Routinen systemischen Arbeits- bzw. Verfahrensweisen gegenübergestellt. So können dann individuelle „Wahrheiten" über den „richtigen" Weg relativiert und ungewöhnlichen Ideen und Szenarien Sinn und Zweckmäßigkeit verliehen werden. Im gewissen Sinne emanzipieren sich die Teilnehmer so vom schnellen und intuitionsgeleiteten Denken und können ihre Denkfallen früher erkennen und Alternativen für ein angemesseneres Vorgehen entwickeln.

Wer sich im Meistern von komplexen Situationen trainieren möchte, sollte darauf achten, dass er am Ende in der Lage ist,
+ Komplexität in ihrer Struktur zu erkennen,
+ von seinem Erfahrungswissen zu abstrahieren,
+ seine individuellen Denkstile und -fehler wahrzunehmen und ggf. zu reduzieren sowie
+ systemisch angelegte Vorgehensweisen und Methoden anzuwenden.

Komplexität erkennen?

Wenn man sich nun fragt, wie sehen komplexe Situationen aus und worin unterscheiden sie sich etwa von komplizierten oder einfachen Situationen (S. auch Kap.11), kann man empirisch sehr gut belegte Komplexitätsmerkmale nutzen. Etwa:

+ **Unterschiedliche Einzelaspekte einer Situation.** So hängt etwa Arbeitszufriedenheit gleichzeitig von Führung, persönlichen Erwartungen, Verhaltensweisen der Kollegen, Karriereaussichten, Entlohnung, Arbeitsinhalten etc. ab.

+ **Vernetzungsgrad und -intensität von Problemmerkmalen.** So mag etwa eine mangelnde Unterstützung von Kollegen zu persönlichen Enttäuschungen führen, diese zu passivem Verhalten, was den

Vorgesetzten zur Kritik veranlasst, die eine in Aussicht gestellte Beförderung fragwürdig macht, was zur weiteren Enttäuschung führt.

+ **Neben- und Fernwirkungen der Merkmale.** Die innere Kündigung bedingt Motivationsverluste, die die termingerechte Erledigung von Aufgaben gefährdet, was zu unzufriedenen Kunden, Auftragsverlusten und Imageschäden führen kann.

+ **Dynamische Veränderungen.** Die Merkmale von Problemen bleiben i. d. R. nicht statisch, sondern verändern sich über die Zeit. Wer zu spät Marktsignale erkennt, tut sich schwer, Absatzmärkte zu erschließen, weil andere die Zeichen der Zeit früher erkannt haben. Oder aus einer anfänglich nicht weiter beachteten Enttäuschung kann eine veritable innere Kündigung und illoyales Verhalten erwachsen. Gerade die sogenannten schwachen Signale werden in komplexen Situationen oft unterschätzt, weil sie so unbedeutend erscheinen.

+ **Unsichere Maßnahmeneffekte**. Man weiß nicht genau, welche Ereignisse eintreten, wenn man bestimmte Entscheidungen trifft. Bringt etwa eine Weiterbildungsmaßnahme den notwendigen Qualifikations- und Motivationsschub oder ist mit der Aussicht auf Karriere auch die Belastungsbereitschaft größer? Die Gefahr in komplexen Situationen ist allgegenwärtig, in Maßnahmen zu investieren, ohne den Erfolg davon zu kennen und am Ende mit Nichts dazustehen.

Durch das Beurteilen der Ausprägungen dieser Komplexitätsmerkmale entsteht für die Problemsituation ein differenziertes Profil, an dem man die Handlungsoptionen ausrichten kann. Die nachstehende Abbildung zeigt ein solches Komplexitätsprofil. Es stellt die Ausprägungen der Komplexitätsmerkmale eines Personalentwicklungsprojekts dar, das obere Führungskräfte eines großen Maschinenbauunternehmens in ihrer strategischen Kompetenz fördern sollte.

Die Ausprägungen skalieren von 1 (schwache) über 2 (mittel) bis 3 (stark). Aufgrund des Profils (klare Ziele, hohe Transparenz und Wirkungssicherheit, viele Einzelaspekte, Neben-/Fernwirkungen, hoher Vernetzungsgrad und mittlere Dynamik) entschloss sich das Projektteam für eine offensive, auf Allianzen und Pilotgruppen bezogene Strategie zur Realisierung des PE-Konzeptes.

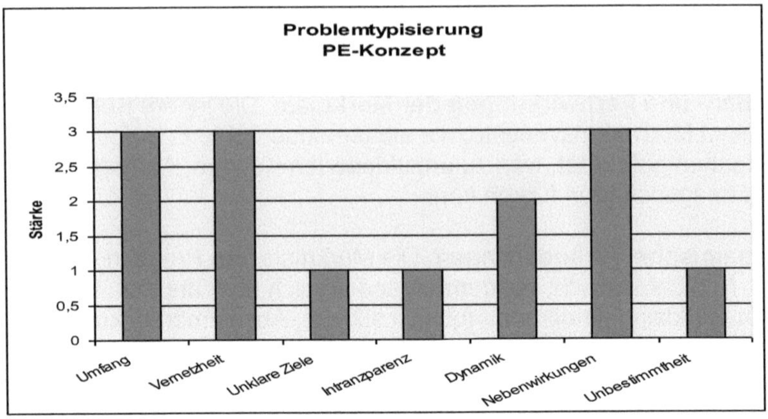

Abb.: Komplexitätsprofil eines Personalentwicklungskonzeptes

Wenn etwa zwar eine hohe Vernetzung, aber eine geringe Unsicherheit bezüglich der Maßnahmeneffekte besteht, kann man bei guter Planung offensiv vorgehen, weil man vor allzu großen Überraschungen verschont bleiben wird. Eine Komplexitätsprofil bietet auch eine gute Grundlage, komplexe von komplizierten Situationen zu unterscheiden. Letztere sind zwar vernetzt, aber in ihren Nebenwirkungen und Dynamiken überschaubarer. Zumindest, wenn man akribisch die jeweiligen Beziehungen der Merkmale zueinander analysiert und bewertet. Mit verschiedenen praxisbezogenen Fragestellungen stellen sich so die Teilnehmer an dem Pilotprojekt auf vielschichtige Situationen ein und entwerfen zu deren Bewältigung flexible Handlungsstrategien.

Systemisch handeln und wie's gehen kann

Flexibilität in strategischen und verhaltensbezogenen Belangen wird in komplexen Situationen zur notwendigen Anforderung an die handelnden Personen! Die Mehrheit von Führungstrainings vermittelt aber eher Wissen und Methoden und ist auch bei enger Praxisorientierung an Wenn-Dann-Formaten ausgerichtet. Im Stil von, man nehme etwas Gesprächstechnik, würze es mit aktivem Zuhören, ergänze es mit einem Netzdiagramm und destilliere die Prioritäten daraus und schon hast du dein Erfolgsrezept, mechanisiert man die Problemlösung. Und scheitert! Im besten Glauben jedoch, das Richtige getan zu haben.
Handeln in komplexen Situationen ist selbst komplexer Natur. Mit verhaltensidealisierten Ansätzen oder in „Sechs Schritten zum Erfolg" kommt

man da nicht weiter. Die Rezeptverkünder gaukeln Machbarkeit vor, wo Demut vorm Gelingen angemessener wäre. Wenn es überhaupt eine Empfehlung geben kann, dann die zum proaktiven Lernen neuer Vorgehens- und Verhaltensweisen. Arbeitsimmanentes Lernen, Erfahrungslernen oder Lessons learned–Formate unterstützen das eigeninitiierte und reflexive Lernen.

Aus der Kritik an „Old-School“-Formaten und den grundsätzlichen Überlegungen zu Komplexität resultieren vier Trainingsdomänen:
+ die der Grundhaltung,
+ die der Denkstile und Denkfallen (s. Abb. unten und nächstes Kapitel),
+ die der systemischen Methoden und Vorgehensweisen sowie
+ die des Erfahrungslernens.

Bei allen vier Domänen geht es nicht nur um inputorientierte Kenntnisvermittlung, sondern um eine reflektierende Integration von individuellen und gruppenbezogenen Erfahrungen und Expertisen, die auf der Grundlage von systemischen Ansätzen vollzogen wird.

So werden etwa zur Klärung der Denkstile bei interaktiven Problemlöseaufgaben
+ individuelle Präferenzen sichtbar,
+ hinsichtlich ihrer Angemessenheit beurteilbar und
+ Alternativen dazu diskutierbar.

Spielerisch als Alltagsirrtümer erfahrbar und veränderbar sind so allgemeine Denkparadoxien wie etwa, dass man schnell mit einigermaßen plausiblen Lösungen zufrieden ist und dass das „Out of the box“- Denken eher Wunsch als Wirklichkeit ist, weil der kognitive Mehraufwand unbewusst von Kontrollbedürfnissen sabotiert wird. Im Zweifel scheut man das Risiko, kritisiert zu werden oder sich rechtfertigen zu müssen. Man hat ja eine Lösung gefunden, wozu da noch schlafende Hunde wecken.

Die nachstehenden Tabellen zeigen die häufigsten Irrtümer und wie man ihnen begegnen kann. Sie sind das Ergebnis jahrelanger Feldforschung im Rahmen von Workshops, Führungstrainings und Projektgruppen in großen und mittleren Unternehmen.

Tab.: Denkfallen und Strategien zu ihrer Überwindung

Menschliche Denkfallen und Alltagsirrtümer	**Überwinden der menschlichen Denkfallen**
• Schritt für Schritt abarbeiten (Linearitätsprinzip) • Beim Vertrauten bleiben (Bekanntheitsdogma) • Vermeiden von Risiko/Ungewöhnlichem (Sicherheitsdruck) • Schnell zufrieden sein mit Lösung (Ökonomieprinzip) • Eindimensionalität (Fokus auf wenige Aspekte) • Methodismus (immer wieder ähnliche Methoden anwenden) • Informationsignoranz (Nichterkennen der Info-Bedeutung) • In Details verbohren/thematisch vagabundieren • Aktionismus	• Abwarten und Überblick verschaffen • Charakteristik der Situation/des Systems erfassen • Ausprobieren und Schlussfolgern • Mit Lösung unzufrieden sein • Erfahrungen kritisch hinterfragen • Infos in ihrer Problembedeutung erfassen/integrieren • Gewohnheiten und Tabus brechen • Mehrere Perspektiven einnehmen/Suchraum erweitern • Visualisieren/Abstrahieren der Entscheidungssituation • Selbstreflexion

Auch der Erwerb von systemischer Methodenkompetenz erfolgt im Diskurs und reflektorisch. Praktische Fragestellungen und deren methodische Bearbeitung zeigen dabei den Charme aber auch die Grenzen etwa von Mintzberg-, Rope- und Sankey-Diagrammen oder Szenario-, Matrizen-Netzbild- und Simulationstechniken auf.

Komplexitätsrobust sind Menschen dann, wenn sie nicht auf langjährig abgespeichertes Vergangenheitswissen vertrauen, sondern heuristisch durch Versuch und Irrtum neue Lösungswege finden und mit einer Portion systemischer Handlungskompetenz herausfordernden Situationen begegnen, ohne von großen Selbstzweifeln gelähmt zu sein. Das genau kann man trainieren. Nicht mehr, aber eben auch nicht weniger!

13 Warum altes Denken bei Komplexität versagt

Das Meistern komplexer Anforderungen in einer zunehmend volatilen Arbeitswelt wird immer mehr zum Schlüsselfaktor und Unterscheidungsmerkmal innovationsgetriebener Unternehmen aller Größenklassen und Branchen.

Das Problem im Umgang mit Komplexität besteht nicht darin, dass man zu wenig systemische Methoden kennt oder anwendet, sondern darin, dass Menschen gerade in schwierigen Entscheidungssituationen bevorzugt mit linearem Denken reagieren und der Illusion unterliegen, dass mit einigen Wenn-Dann-Überlegungen Komplexität in den erkennenden Griff zu bekommen ist. Etwa: „Wenn wir temporär die Manpower und unser Budget erhöhen, verschaffen wir uns mehr Luft, können dadurch Termine und Qualitätsstandards einhalten, die wiederum zu einer positiven Anerkennung führen und in deren Folge uns Folgeaufträge sichern". Dumm nur, wenn durch das monetäre Großinvest gleichzeitig diese Mittel an anderer Stelle fehlen, somit dort keine Ressourcen zur Bewältigung von Störfällen aufgebaut werden können, was die Termintreue bedroht, womit der Kunde ein Problem hat, das wiederum Wettbewerber attraktiv macht, die unmittelbar mit querfinanzierten Kampfpreisen sich ins Spiel bringen, was ... usf.

Wer also heutzutage nur auf lineare Ursache-Wirkung-Zusammenhänge achtet, beim Vertrauten bleibt, seiner Intuition freien Lauf lässt, springt zu kurz. Für das Meistern von Komplexität gibt es keine Blaupause. Routinen verlieren ihren Wert und Erfahrungen sich im Niemandsland. Alles steht auf null und muss neu gedacht werden. Mit altem Denken neue Probleme zu lösen, kann daher kaum gelingen. Worauf es ankommt, sind Fähigkeiten, die vielfältigen Fehlerfallen des menschlichen Denkens zu erkennen, um dem Shit in – Shit out-Phänomen auszuweichen und den Wirkungsgrad der Methoden zu erhöhen. Wer etwa sein neues Simulationstool zur Prognose von Marktentwicklungen mit veralteten Erhebungsdaten füttert, sollte sich über die Unbrauchbarkeit der Ergebnisse nicht wundern.

Wer auch nicht beachtet, dass Menschen intuitiv gerne auf vertraute Lösungswege setzen, relativ schnell mit einigermaßen plausiblen Ergebnissen zufrieden sind, in vereinfachenden Wenn-Dann-Schritten denken und zu einer Neigung zum „Mehr vom Gleichen" tendieren, wird kaum Lust am Experimentieren und Ausprobieren finden, sondern das tun, was er immer schon in solchen Fällen tat. Die Methode merkt die Denkfehler ihrer Anwender leider noch nicht. Sie ist schlicht dumm. Nur ihr Nutzer kann das erkennen.

Methoden zur Bewältigung von komplexen Situationen wie etwa Sensitivitätsmatrix, Netzbild, Sankey-Diagramm sind daher zwar notwendige Tools zur Komplexitätsbewältigung, aber bei weitem keine hinreichenden. Erst wenn Denkroutinen, Wahrnehmungstendenzen und die Wirkung von menschlichen Motiven und Werten bewusst sind, entfalten die Methoden ihren systemischen Charme.

So ist es gerade in schwierigen Entscheidungssituationen hilfreich

+ abzuwarten und sich einen Überblick über das Problem zu verschaffen anstatt gleich loszulegen,

+ mit einer ersten Lösung zunächst unzufrieden sein und nach Alternativen zu suchen, anstatt gleich mit ihrer Umsetzung zu starten und

+ aus mehreren Perspektiven Problemmerkmale zu betrachten anstatt nur die eigene Sicht zu priorisieren.

Dieses Umdenken macht in Gruppen am meisten Spaß, wenn diese hinsichtlich Fachkenntnisse, Kreativität und Diversität heterogen zusammengesetzt sind und einen vorbehaltlosen, kritischen Diskurs pflegen.

In Komplexitätstrainings machen wir immer wieder die Erfahrung, wie schwer es Menschen fällt, von Gewohnheiten zu lassen und auch zunächst „verrückte" Sichtweisen zuzulassen. Erst wenn sie in simulierten Szenarien oder Denkspielen erleben, dass damit die Qualität von Lösungen steigen kann, bauen sie schrittweise ihre Scheu vor Neuem ab und die Neigung zum Experimentieren auf.

Wer Komplexität einigermaßen meistern möchte, muss sich auf diesen etwas längeren Weg der Kompetenzentwicklung machen und Machbarkeitsfantasien mit Demut vorm Scheitern ersetzen. Die Heilsversprechen der Methodenpäpste entsprechen eher einer professionellen Selbstinszenierung als Hilfestellung und bedürfen der oben angerissenen Relativierung.

Das Trainieren systemischer Kompetenzen muss daher zwingend mit dem Bewusstmachen von Denkfallen und deren Gegenstrategien sowie der „Psychologik" des Entscheidens verknüpft sein (s. nächstes Kapitel).

14 Denkfallen kennen und umgehen

Im gegenwärtigen Übergang von analogen in digitale Geschäftslogiken stehen eingefahrene Gewohnheiten mehr denn je Umbruch und Anpassung im Wege. Jahrelang bewährte Routinen helfen nicht mehr weiter, weil komplexe Situationen neues Denken erfordern. Nicht mehr Wenn-dann-Logiken sind die Lösungsfavoriten, sondern unkonventionelles, systemisches Denken und Handeln. Dem jedoch stehen menschliche Denkfehler und Denkmechanismen gegenüber, die der Besonderheit der menschlichen Informationsverarbeitung geschuldet sind - unabhängig von Geschlecht, Intelligenz oder Alter.

Vieles mit Vielem verknüpfen zwingt zum Umdenken

Führungskräfte haben auf mehreren externen und internen Ebenen mit Komplexität zu tun. Die externen Abhängigkeiten von Produkten und Dienstleistungen resultieren aus unvorhersehbaren Sonderwünschen der Kunden, aggressivem Verhalten von Wettbewerbern, technologischem Wandel oder gesetzlichen Rahmenbedingungen. Hinzu kommt, dass Entscheidungen in steter Wechselwirkung zueinanderstehen und in ihren systemischen Auswirkungen unbeabsichtigte Nebenwirkungen verursachen. Wenn etwa der Geschäftsführer trotz schwacher Ertragslage offensive Positionierungskampagnen zum Turnaround startet, kann das von der kapitalstarken Konkurrenz mit noch aggressiveren beantwortet werden und sein Unternehmen in eine Liquiditätskrise stürzen. Oder wenn Autobauer fest verwurzelt in ihrer Ingenieurskunst neue Antriebstechnologien halbherzig in tradierten Entwicklungszeiträumen erforschen, verkennen sie die exponentielle Dynamik technologischer Entwicklungen: Waren in der Old Economy noch fünf Jahre bis zum Start of Production üblich, sind es heute sechs Monate. Branchenfremde Wettbewerber wie Google, Tesla oder die Deutsche Post bauen plötzlich Autos. Sharing Economy und autonomes Fahren sind heute Optionen, die morgen schon wieder obsolet sein können. Gewiss ist nur das Ungewisse.

Die internen Abhängigkeiten eines Unternehmens stehen ebenso in komplexen, wechselseitigen Bedingungsgefügen: Kulturelle Besonderheiten der Zusammenarbeit, individuelle Vorlieben in der Kommunikation, heimliche Bedürfnisse und strategische Absichten treiben Entscheidungen einer Führungskraft mit großer Macht aus der objektiven in die subjektive Ebene. So mag etwa das glänzende Qualifikationsprofil eines Bewerbers die Einstellung und eine außergewöhnliche hohe Dotierung begründen, um die Marktmacht des Unternehmens langfristig zu sichern. Dass aber seine menschlichen Eigenheiten in der Abteilung zu beträchtlichen Produktivitätsproblemen in der Zusammenarbeit führen, wurde nicht in Erwägung gezogen. Wer seine Führungskräfte mit kreativ betitelten, aber gestrigen Führungsmodellen oder Analogien aus Militär, Raumfahrt, Klerus oder Tierwelt auf die Zukunft vorbereitet, dilettiert im Add-on-Modus der Vergangenheit. Er verkennt, dass vielleicht die alten Strukturen und Hierarchien für die neuen Anforderungen dysfunktional sind und umformatiert werden müssen. Neues ist immer der Feind des Alten und wird im Zweifel der Besitzstandswahrung geopfert.

Im rasanten Wandel der Wirtschaft wird Komplexität für nahezu jede Führungskraft heute zum Normalfall. Das zwingt sie zum radikalen Bruch mit ihrer Denkgewohnheit

Komplexität verführt zur Vereinfachung

Die meisten Entscheidungen sind zu komplex, als dass man sie mit kühler Rationalität treffen könnte. Man denke nur an weitreichende Überlegungen wie Jobwechsel, Hausbau, Investitionen: Hier mögen zwar ein paar rationale Gründe Anlass zum Entscheiden geben, dessen Prozess wird jedoch hauptsächlich von Stimmungen, Bedürfnissen und Denkweisen vorangetrieben. Das Affektive übertrifft im Führungsalltag das Kognitive. Intuitiv wehrt sich das Unbewusste gegen affektive, emotionale Entscheidungen und sucht nach Auswegen.

In Situationen und insbesondere bei schwierigen Fragestellungen konstruieren die Akteure vereinfachte Modelle der Komplexität, um subjektiv handlungsfähig zu bleiben und ihr Kompetenzgefühl zu schützen. Solche Vereinfachungen führen jedoch keineswegs zu guten Ergebnissen. Oft resultieren daraus Schnellschüsse, die eine Kette weiterer Denk-, Planungs- und Handlungsfehler verursachen.

Die psychologische Tragik der Vereinfachung

Es ist eine menschlich nachvollziehbare Reaktion, Komplexität reduzieren bzw. vereinfachen zu wollen. Und darin liegt ein kardinaler Denkfehler: Komplexität lässt sich nicht reduzieren. Man muss sie annehmen und verstehen lernen. Mit Vereinfachungen riskiert eine Führungskraft, die wechselseitigen Abhängigkeiten, Neben-, Fern- und Rückwirkungen seiner Aufgaben und Entscheidungen zu übersehen.

Darüber hinaus verursacht eine Komplexitätsreduzierung typische Fehler im Umgang mit schwierigen Situationen. Etwa, dass die vielfältigen Ursachen und Merkmale eines Problems auf ein zentrales reduziert werden („Typisch, bei dem geringen Budget, musste das ja schief gehen!"). Der meist selbst auferlegte Zwang, nach einer schnellen Lösung zu suchen, verkürzt die umfassende Analyse des Problems und seiner

Fragestellungen. Fortlaufende Korrekturen von Entscheidungen sind die logische Folge.

Wer dieser Tragik entkommen und sein Denken zukunftsfähig ausrichten möchte, kommt an einer kritischen Reflexion des fehleranfälligen Denkstils, der Interaktion mit anderen und der bevorzugten Methoden nicht vorbei.

Fehlerteufel im Aktionsmodus

Immer wieder kümmern sich Menschen auch gerne um naheliegende, leicht veränderbare Teilprobleme. Mit großem Eifer löschen sie kleine Feuer. Damit erhalten sie ihr Gefühl, kompetent zu sein. Ihr Umfeld nimmt wahr, es geschieht etwas. Dass Verzettelung stattfindet und zentrale Problemaspekte übersehen werden, sind nach Dörner (2003) zwangsläufig die Folgen eines solchen „Reparaturdienstprinzips".

Neben vereinfachten mentalen Modellen schlägt der Fehlerteufel auch auf der Ebene der menschlichen Motive zu. Das Bedürfnis, Kontrolle über eine Situation zu haben und kompetent zu sein, befriedigen Menschen auf unterschiedliche Weise:

- Man kümmert sich nur um die Problemaspekte, mit denen man sich auskennt und blendet alle anderen aus. Der Marketingspezialist kapselt sich z. B. in seine vertraute Welt von Marktstrategien ein und übersieht die Relevanz deutlich veränderter Kaufgewohnheiten sehr unterschiedlicher Verbrauchertypen. Der Planungsingenieur kaskadiert noch stärker die Fertigungslogiken und verkennt, dass dadurch die komplizierten Prozesse zunehmen und die Werker spätestens dann überfordert werden, wenn es zu Störfällen kommt.

- Man wechselt aktionistisch von einem Problemfeld auf das andere, vagabundiert thematisch an der Oberfläche des Problems, bringt nichts zu Ende und denkt nicht vom Ende her. Man flüchtet in sichtbares Handeln und nährt damit die Kontrollillusion, die Dinge im Griff zu haben.

- Auch der Reflex, jedes noch so kleine Detail an Information zu sammeln, um ein möglichst klares Bild der Situation zu erlangen, reduziert zwar das Gefühl der Unsicherheit, schafft aber heilloses Chaos.

Zielführender ist es, nach dem Zusammentragen verschiedener Perspektiven sich einen ungefähren Überblick zu verschaffen und dann loszulegen. Detailliertes Bearbeiten einzelner Problemaspekte kann dann bei eingegrenzten Fragestellungen vor dem Hintergrund des Gesamtproblems erfolgen.

- Getrieben von Zeit- und Lösungsdruck greifen Akteure nach den erstbesten und einigermaßen plausiblen Maßnahmen und exekutieren sie ohne ihren Effektverlauf zu beobachten. Ein solcher „Adhocismus" ignoriert Frühwarnsignale und die „Endkontrolle" der Maßnahmen.

- Aus dem Grundbedürfnis, Kontrolle über eine Situation zu erlangen, entsteht der unbewusste Reflex, solche Informationen, Maßnahmen oder Methoden zu wählen, die man schon immer bevorzugte und die sich scheinbar bewährt haben. Dass sie für komplexe Situationen unangemessen sind, kommt einem nicht in den Sinn. Zu vertraut ist man etwa mit SWOT, Nutzwertanalyse & Co, als dass man ihre Grenzen für komplexe Situationen kennt. Besonders dann, wenn mangels Kenntnis von systemischen Methoden Alternativen fehlen.

Mit Kenntnis, Selbstmotivation und Wille dagegenhalten

Individuelle mentale Modelle und menschliche Motive geben dem Fehlerteufel nicht unausweichlich freie Fahrt. Sein Unwesen kann man mit der Kenntnis über Denkfehler und aktiver Willenskraft einfangen. Scheitern ist nicht unausweichlich. Wer sich beispielsweise konkrete Verhaltensweisen zur Überwindung typischer Denkfallen vornimmt, erkennt frühzeitig ihr Erscheinen, steuert dagegen und emanzipiert sich von ihnen. Auch ein verinnerlichtes Set von Absichten und Vornahmen hilft, komplexen Situationen proaktiv gerecht zu werden. Etwa:

+ Probleme und Aufgaben aus verschiedenen Perspektiven betrachten und differenzierte Fragestellungen herausarbeiten. Auch „schräge" Ideen anderer ernst nehmen.

+ Nicht sofort lösungsgetrieben loslegen, sondern abwarten und erst die Eigenheiten bzw. Eigenschaften einer Problemsituation in ihrer Vernetztheit identifizieren und dann Lösungsszenarien entwickeln.

+ Selten sind in komplexen Situationen die Rezepte der Vergangenheit zielführend. Erfahrungen machen eher betriebsblind und sollten bewusst ausgeblendet bzw. infrage gestellt werden. Auch bestehende Tabus und Gewohnheiten sollten mit anarchistischem Mut gebrochen werden. Z.B. dadurch, dass man Gegenargumente für die eigenen Ansichten sammelt und sich gegen sie immunisiert.

+ Auch wenn es gegen den Denk-positiv-Zeitgeist verstößt: Unzufrieden sein mit einer ersten Analyse oder Lösung, regt zum Weiterdenken über bessere Alternativen an.

+ Lust und Spaß am Experimentieren empfinden, um den kognitiven Aufwand beim Überwinden von Gewohnheiten mit angenehmen Gefühlen zu flankieren und damit mehr Energie für kreative Lösungen zu gewinnen

Sensibilisiert für ein „richtiges“ Denken wird man auch, wenn man Verlaufsprotokolle erstellt, Zusammenhänge als Netzbild visualisiert und im Computer Entscheidungsalternativen simuliert. Auch wenn solche Vorgehensweisen noch ungewöhnlich sind, sie sind leicht einzuüben. Und: Sie helfen, Einsicht in die Unwägbarkeiten des menschlichen Denkens zu gewinnen und Fehlerquellen zu eliminieren – zumindest einige. Potenzielles Misslingen und Störungen werden in den Handlungskonzepten nicht ausgeklammert, sondern einbezogen. So lernen Führungskräfte, Unsicherheit in Kauf zu nehmen und gleichzeitig Vertrauen in ihre Handlungskompetenz aufzubauen.

Auch wenn einem der Verstand heilig ist, seine Fehleranfälligkeit ist die Grundlage der Gescheitheit seines Nutzers. Vorausgesetzt: er reflektiert sein Denken und lernt daraus.

„Das sind die Weisen, die durch Irrtum zur Wahrheit reisen. Die bei dem Irrtum verharren, das sind die Narren“ (F. Rückert, 1788 – 1866)

Die Logik von Denkschritten

Aus der kognitionspsychologischen Forschung (s. Braun, 2009) ergaben sich iterative Schrittfolgen für ein komplexitätstaugliches Vorgehen, die in ihrer Logik helfen, die Fehleranfälligkeit einzugrenzen. Das nachstehende Mind-Map soll deutlich machen, dass die einzelnen Schritte nicht linear abgearbeitet werden, sondern iterativ vorwärts und rückwärts gerichtet sind. So, kann es durchaus sein, dass auf neue Situationen die bereits definierten Ziele korrigiert werden oder aus der Effektkontrolle von umgesetzten Maßnahmen das Vorgehen verändert und neue Aktivitäten geplant werden. Der Vorteil dieser Vorgehensheuristik liegt darin, dass im Grunde das Versuch-Irrtum-Vorgehen eine logische Struktur erhält. Das „Muddling through erhält Leitplanken und wird zum strukturierten Komplexitätswerkzeug. Wie jedes Werkzeug sind auch diese Denkschritte der Fehlerhaftigkeit menschlichen Denkens und Handelns ausgesetzt. Oft legen Menschen erst mal los, berücksichtigen wenig die gegenseitigen Abhängigkeiten der Aspekte einer Situation, konzentrieren sich auf zu viele oder zu wenige Informationen, handeln ballistisch, indem sie sich nicht um die Verlaufskontrolle ihrer Maßnahmen kümmern und zum nächste Punkt übergehen.

Eine Reihe von empirisch beobachteten Hauptgefahren bei den Denkschritten sind in den Zweigen der Hauptäste des Mindmaps angeführt.

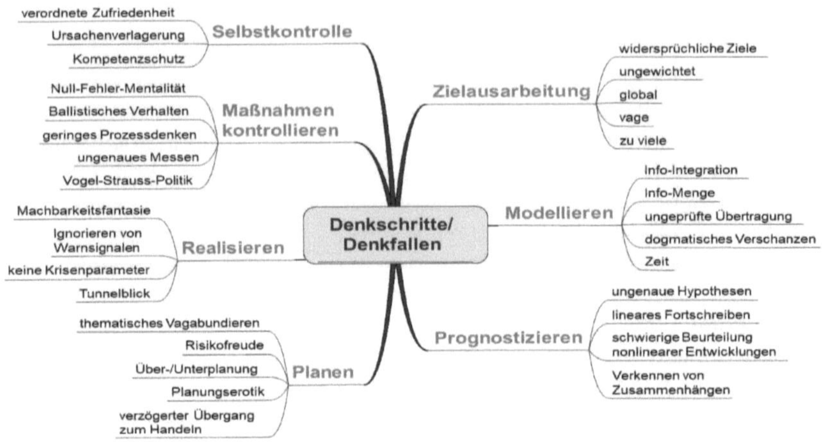

Prüfliste zur Fehlervorbeugung

Auch wenn die Gaukler der Neuzeit die „Sieben Weisheiten des Erfolgs“ rauf und runter beten, Fehler sind unvermeidlich aber notwendig. Notwendig deswegen, weil Komplexität erst dadurch bewusst wird, dass die Logik des Scheiterns allgegenwärtig ist. Demut und Achtung vor der potenziellen Unbeherrschbarkeit komplexer Situationen schafft realistische Sichtweisen für den Umgang mit ihnen.

Da Fehler nicht gänzlich vermeidbar sind, kann der bewusste Umgang mit den potenziellen Fehlerquellen des Handelns, der Methoden und des spezifisch menschlichen Denkens sie jedoch reduzieren. In der nachstehenden Prüfliste sind den Handlungsanforderungen komplexer Situationen fehlerminimierende Prüffragen zugeordnet.

<u>Analysefähigkeit bewahren</u>
+ Kenne ich die wichtigen Aspekte des Problems?
+ Welche Merkmale sind besonders bedeutsam?
+ Habe ich den richtigen Auflösungsgrad des Problemfeldes gewählt?

Überblick schaffen und beibehalten
+ Verliere ich mich in Einzelheiten?
+ Beschäftige ich mich mit Nebensächlichkeiten?
+ Steige ich zu schnell in die Problemlösung ein?

Zielbildung und Schwerpunktsetzung
+ Sind meine Entscheidungs-/Handlungsziele eher diffus und widersprüchlich?
+ Verkapsle ich mich in Nebensächlichkeiten?
+ Haben die Ziele einen engen Bezug zu der Fragestellung?

Planungsfähigkeit
+ Verliere ich mich in Detailplanungen?
+ Sind mir Haupt-, Neben- und Fernwirkungen der Maßnahmen bewusst?
+ Regiert Wunschdenken meine Planung?

Entscheidungsfähigkeit
+ Ist jetzt der richtige Zeitpunkt zum Entscheiden?
+ Habe ich Entscheidungsalternativen parat?
+ Wie gehe ich mit der Unsicherheit und Unbestimmtheit der Situation um?

Effektkontrolle beibehalten
+ Beschönige ich die Maßnahmeneffekte unkritisch?
+ Ziehe ich auch kritische oder unerwünschte Schlussfolgerungen aus den Ergebnissen?
+ Verfolge ich den Prozess der Ergebniserzielung von Anfang an?

Flexibilität bewahren
+ Ist meine Vorgehensweise noch angemessen?
+ Bin ich zu Änderungen bereit?
+ Verschanze ich mich hinter meinen Vorlieben?

Selbstkontrolle
+ Hätte ich das schon früher tun sollen?
+ Neige ich dazu, andere verantwortlich zu machen?
+ Präferiere ich einfache Lösungen?

Mit solchen oder selbstgestellten Prüffragen lassen sich nicht nur die Big Points des Misslingens erspüren, sondern auch die vielen kleinen Fehler, die sich einschleichen und unbemerkt zum veritablen Killer auswachsen. Da eine kritische Frage überhört, dort eine kleine Zielabweichung übersehen, oft Detailverbesserungen dem Zeitdruck geopfert, hin und wieder etwas zu viel Zeit gelassen – alles unbedeutende Einzelereignisse, aber schon baut sich eine Planabweichung auf, die erst spät erkannt wird und nur mit viel Aufwand oder nicht mehr zu korrigieren ist. So tritt die ursprüngliche Zielsetzung allmählich hinter die fesselnde Wirkung der aktuellen Situation zurück und gerät in Vergessenheit.

Auf diese kleinen Unzulänglichkeiten der Selbstreflexion kann man achten und sich seine persönliche Fehleragenda bewusst machen. Bewusstsein alleine genügt jedoch nicht, um sie loszuwerden. Man muss hart an sich arbeiten, um festgebackene Gewohnheiten aufzubrechen. Das geht nicht im Hau-Ruck-Verfahren, sondern mit kleinen konkreten Schritten der Revision der schlechten Gewohnheiten. Zunächst mit gedanklichem Spielen mit dem Wie und Was der Veränderungen und dann dem schrittweisen Ausprobieren in Echtzeit. Immer wieder und ohne Zögern. Jeder noch so kleine Erfolg dabei ist es wert, mit eigener oder der Anerkennung von Dritten belohnt zu werden

15 Ohne Selbstführung bleibt die neue Arbeitswelt die alte

Unternehmen sind für das Meistern komplexer Situationen auf Menschen angewiesen, die veränderungsbereit, umsichtig initiativ und, wenn erforderlich, auch unkonventionell handeln. Und nicht nur das: ihnen tun auch Menschen gut, die kritisch Ziele Trends und Moden hinterfragen. Denn die Gefahr ist gerade in unsicheren Zeiten groß, vorschnell Trends zu folgen und damit Investitionsruinen und Verzetteln zu riskieren. Bei aller Automatisierung, Standardisierung und Digitalisierung von Unternehmensprozessen und Geschäftslogiken: ohne Identitätsbewusstsein und Veränderungsbereitschaft der Menschen wird Zukunft nur unzureichend gelingen. Menschen müssen mitdenken, sich organisieren und initiativ handeln. Das zu verstehen und umzusetzen, steht im Stammbuch einer modernen Menschenführung.

15.1 Wie Rahmenbedingungen zum Umdenken zwingen

Wir leben in einer Zeit, in der Märkte sich um ein Vielfaches schneller verändern als jemals zuvor. Schwergewichtige DAX-Konzerne werden in nie gewohnter Unbekümmertheit von Start-Ups angegriffen. Durch alle Branchen geht ein Innovationsdruck unbekannten Ausmaßes. Um mit solchen dynamischen Veränderungen Schritt zu halten, sind nicht nur neue Strukturen, sondern auch neue Verhaltensweisen erforderlich. Wie die Otto Group dazu motiviert, zeigt der Clip https://www.youtube.com/watch?v=B0XCQ0I9lxM

In Arbeitssituationen, die von unsicheren Ausgangslagen, nur schwer fassbaren Zielen und überwiegender Neuartigkeit charakterisiert sind, sind daher Fach- und Führungskräfte gefragt, die unerschrocken mit Unbestimmtheit umgehen können. Konnte man bis dato mit einer gewissen Routine auch komplizierte Fragestellungen beantworten, beschleunigen nun Globalisierung und Technologien die Zyklen grundlegend neuer Arbeitswelten und fordern von den Betroffenen ein hohes Maß an Ungewissheitstoleranz und Experimentierfreude ab.

Dass vertraute Absatzkanäle von Social Media Konzepten abgelöst werden, der demografische Faktor Recruiter zur kreativen Höchstleistung zwingt oder die Digitalisierung menschliche Arbeit verdrängt und den Menschen in Unternehmen neue Rollen zuweist, verdeutlicht: Die gewandelte Arbeitswelt begründet neue Kompetenzen im Denken und Handeln. Die Emanzipation von Vorgaben und zur Eigeninitiative ist eine essentielle Voraussetzung für einen gelingenden Umgang mit schwierigen und oft unvorhersehbaren Situationen. Organigramm-Kulturen und Silodenken sind dafür sicher nicht mehr hilfreich.

Wenn Erfahrungen jedoch fehlen, oft sogar hinderlich sind und kreativ nach Lösungen gesucht werden muss, sind Menschen im Vorteil, die ihr Fühlen, Denken und Handeln in Eigenregie kontrollieren, steuern und weiterentwickeln (s. auch Müller & Braun, 2009). Sie finden nämlich auch in schwierigen Situationen begehbare Wege, weil sie die Gesamtheit ihrer Potenziale zur Problemlösung nutzen und nicht auf Vorgaben und Hierarchien angewiesen sind. Sie steuern ihre Denkprozesse, beeinflussen ihre Gefühlslage, aktivieren ihre Willenskräfte und beherrschen Mentaltechniken zur Überwindung des inneren Schweinehunds. Kurzum: Sie beherrschen die Vorgehensweisen und Anforderungen eines selbstbestimmten, erfolgreichen und erfüllten Arbeitslebens. Die Abbildung zeigt wichtige Strategien der Selbstführung im Überblick.

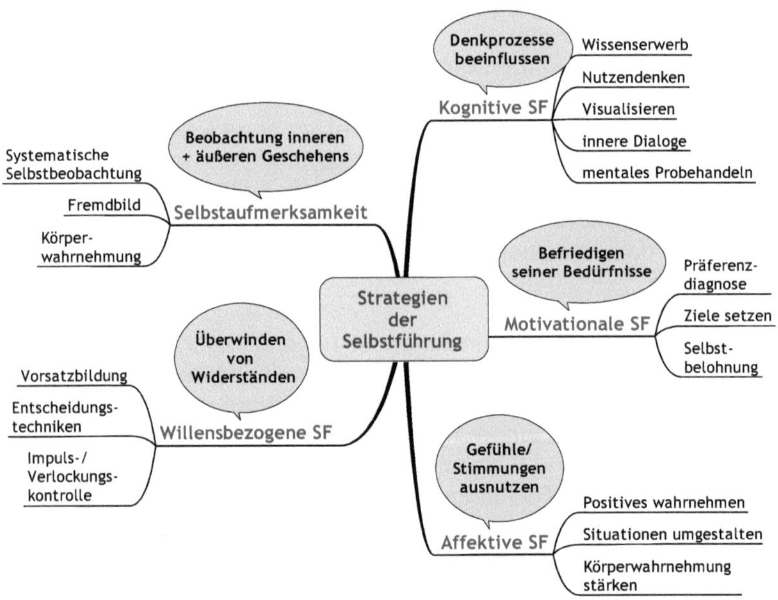

Abb.: Strategien der Selbstführung

15.2 Warum Selbstführung unverzichtbar ist und nichts mit Optimierungswahn zu tun hat

Die vierte „industrielle Revolution“ ist im vollen Gange und längst keine Zukunftskonstruktion mehr. Industrie- und humanoide Roboter übernehmen immer mehr Wertschöpfungsketten, Algorithmen die Personalsuche und Vertragsgestaltung, Telemedizin die OP-Planung, 3D-Drucker die Fertigung von Produkten und Bots den Wissenstransfer. Unabhängig von ihren intellektuellen Anforderungen verschwinden immer mehr bisher Menschen zugeordnete Aufgaben und sogar Berufe. Busfahrer wie Radiologen werden umlernen müssen. Und nicht nur sie.

In einer von dynamischen Veränderungen getriebenen Wirtschaft ist eine menschliche Fähigkeit überlebensnotwendig: die zur Selbstführung nämlich. Wer seine Ressourcen, seine Gesamtheit an Stärken, Schwächen und Potenziale kennt, kann sie nutzbringend für die eigenen Ziele und Absichten einbringen, verändern und kontrollieren. Er bleibt trotz ambitionierter und abstrakter Anforderungen handlungsfähig, weil er seine Ressourcen kennt und zwischen gesunder und auszehrender Optimierung unterscheiden kann.

Wer keine diesbezügliche Transparenz erlebt, läuft Gefahr, sich zu über- oder zu unterfordern und an Arbeitszufriedenheit und Lebensqualität zu verlieren.

Veränderungen sind emotional getriggert

Dass sich die Wirtschaft permanent ändert, ist nichts Neues. Das Problem des Änderns von Geschäftsmodellen und Arbeitsstrukturen liegt darin, dass sich der Umbau eines Unternehmens oder Geschäftsprozesses immer mehr rein logisch vernünftigen Schritten entzieht. Auch wenn man rational einen fahrerlos pilotierten Werksverkehr begründen und die Zukunft prägnant in Machbarkeit suggerierender Terminologie beschreiben kann: Transformationsprojekte sind eher intuitiver Natur. Gut, schlecht, modern, notwendig, zukunftsgerecht, disrupt, agil etc. sind gefühlsauslösende Begriffe, denen eine granular nachvollziehbare Begründung fehlt. Es sind in der Regel Wetten auf die Zukunft. Umso mehr müssen solche aus Sehnsüchten und Gefühlen gespeisten Entscheidungen auf dem Resonanzboden der persönlichen Denk- und Erlebnisstile aller Beteiligten reflektiert werden.

Längst hat die technologische Entwicklungsgeschwindigkeit die menschliche abgehängt. Die langsame Ratio kapituliert vor ihrer Präzision und weicht schnellem, emotionalem Fühlen, um einigermaßen den rasenden

Technikentwicklungen nachzukommen. Ergebnis: Anfälligkeit für einfache Lösungen und nicht zu Ende gedachte Entscheidungen.

Selbstführung schafft Zutrauen und schützt vor Überforderung

Was aber bedeutet die Entgrenzung der Logik und die Zunahme intuitiver Entscheidungen für die Bewältigung der Anforderungen? Fach- und Führungskräfte müssen in Zukunft mehr denn je auf ihre Fähigkeiten vertrauen, um mit kaum berechenbaren Situationen klarkommen zu können. Es greift schlicht zu kurz, mit Hauruck- und Alles-ist-machbar-Mentalität sich bereitwillig schwierigen Situationen zu stellen. Erst aus vorausschauenden, multiperspektivischen Handlungsoptionen resultiert eine Bereitschaft, sich auf ein „Abenteuer“ mit ungewissem Ausgang einzulassen.

Solche Denkstile fordern von Menschen innere Transparenz. Die Befähigung, ein gutes Gefühl dafür zu entwickeln, was man warum will oder nicht will, ist der Schlüssel zum Zutrauen in die eigenen Potenziale. Diese Potenziale schützen den Menschen davor, sich von außen und spontan zu riskantem Verhalten verleiten zu lassen. Vielmehr ermutigen sie ihn, aus eigenem Selbstbewusstsein heraus sich auf neue Situationen einzulassen. Nicht mehr Impuls und Emotionalität regieren das Agieren, sondern die Bereitschaft zur „begrenzten Instabilität“, die Bereitschaft also zum kalkulierten Risiko bzw. Scheitern. Eine Fähigkeit, die gerade im Blick auf die dynamischen und vielfältigen Veränderungen in den Betrieben für die Leistungselite unverzichtbar ist – durch alle Hierarchien hindurch.

Zunehmend häufen sich risikoreiche Situationen, deren Merkmale unbekannt sind oder in ihrem Zusammenwirken nicht erkannt werden. So birgt etwa die Neubesetzung einer Stelle prinzipiell das Risiko, den Falschen auszuwählen. Auch weiß man nicht, ob die Talente eines neuen Mitarbeiters wirklich zur Geltung kommen und welche Faktoren seine Integration behindern. Schon solche einfachen Situationen veranlassen eine Führungskraft zu umsichtigem und vorausschauendem Verhalten inklusive zur Reflexion der eigenen Rolle und Ansichten.

Lösungen, die aus der gesicherten Erfahrung früheren Vorgehens abzuleiten wären, helfen immer weniger weiter. Die meisten müssen individuell und aus dem situativen Kontext heraus neu gedacht werden. Ohne Improvisationskunst und Selbstbewusstsein gelingt das nur schwer. Selbstführung wird so zur universalen Anforderung an ein gelingendes Arbeiten.

Wege zur Selbstführung abseits des Optimierungswahns

Wie kann nun ein reflektierter Umgang mit sich und seinen Ressourcen erreicht werden, ohne in den üblichen Appellen an die Selbstverantwortung stecken zu bleiben und selbstvergessenen Ritualen der individuellen Optimierung anheimzufallen? Und wie können Führungskräfte sich sensibilisieren, in schwierigen Situationen umsichtig und nicht affekt- oder impulsgetrieben zu agieren?

Sicherlich gibt es dafür keine Blaupausen und Rezepte, sondern eher grobe Zielfelder und Rahmenbedingungen. Etwa:

- Eine fehlerfreundliche Lernkultur, weil die Logik des Scheiterns in komplexen Situationen allzu menschlich ist und zu neuen Erkenntnissen beitragen kann.
- Die innere Bereitschaft, achtsam und bewusst mit sich selbst umzugehen, um daraus Gelassenheit und Tatendrang zu finden.
- Unterstützende Hilfe, um mentale, affektive und verhaltensbezogene Strategien zur Selbstführung kennen und praktizieren zu lernen.
- Arbeitskulturen, die Führung durch Selbstführung ermöglichen, um die individuellen Potenziale kulturell weiter zu verfestigen.
- Eine Personalentwicklung, die weniger auf Verhaltenstechniken und Seminarformate setzt und mehr auf Reflexion und Erfahrungslernen, um die Einstellungen und Werte der Menschen zu erreichen.
- Arbeitsstrukturen, die Flexibilität, Kollaboration und Eigenverantwortung ermöglichen, um arbeitsimmanente Voraussetzungen zur Selbstführung zu schaffen.
- Selbstführung von Selbstoptimierung trennen, um psychischen Autismus zu verhindern und seelische Gesundheit zu gewinnen.

Dass mit Selbstführung Verhaltensbereitschaften und ungeahnte Energien zur Bewältigung außergewöhnlicher Anforderungen freigesetzt werden können, zeigt seit Langem der Leistungssport. Wie dort jedoch erst ein radikales Umdenken die Trainingspläne veränderte, so wird auch in der betrieblichen Bildungsarbeit erst ein mutiger Musterbruch mit der Tradition zu ihrer Formatänderung führen. Personalentwicklung ist eben kein Ponyhof für Traditionalisten und Bewahrer. Oder!?

15.3 Vernunftappelle durch „Luststrategien“ ersetzen

Definierte Prozesse, Organigramme und Command & Control sind nicht nur Old School, sondern Giftspritzen der Anpassung an den

Veränderungsdruck. Es wäre jedoch naiv zu glauben, mit Argumenten, Vernunft und Einsicht sie abschaffen zu können, denn dazu sind sie zu lange eingeübt und nahezu alternativlos in den Köpfen aller fest verankert. Bei Führungskräften und Mitarbeitern gleichermaßen!

Es ist hinlänglich bekannt, dass Einstellungen und Gewohnheiten äußerst veränderungsresistent und gegenüber Vernunftargumenten immun sind. Man muss vertraut gewordene Ansichten nicht zwingend verändern, um einen Wandel herbeizuführen. Denn wenn man ihn mit emotionalen, gefühlsmäßig erlebbaren und insbesondere begehrlichen Perspektiven adressiert, werden neue Einstellungen entstehen ohne dass alte aufgegeben werden müssen. Die Lust am Wandel wird wachsen.

So ist etwa die Vorstellung, sich in der Arbeit selbst zu verwirklichen, ein ausgesprochen motivierendes und energetisierendes Bild. Kaum jemand, der das nicht möchte. Damit eine solche Vorstellung aber ihre emotionale Kraft entfaltet, sind wichtige Änderungen im Bewusstsein der Betroffenen erforderlich: Führungskräfte müssen dazu beitragen, dass Mitarbeiter selbstbestimmt ihre Ressourcen, d. h. Stärken, Schwächen und Potenziale entwickeln und in die Arbeitswelt einbringen können. Mitarbeiter benötigen eine ordentliche Portion Eigeninitiative und Experimentierfreude.

Ein solcher Bewusstseinswandel gelingt in einem kulturellen Umfeld, das Kontrolle ersetzt durch Integration. Nicht mehr Dressurakte zur Motivation, sondern das Schaffen von Bedingungen zur Selbstmotivation und Selbstführung gewährleistet den Wandel. Optionen, anstatt Vorgaben. Prozess-Know-how und Fachkenntnisse sind dabei nur notwendige Bedingungen. Wer weiß, wie er sein Denken und Fühlen beeinflussen und Willenskräfte aktivieren kann, bringt auch seine Fachkenntnisse maximal zur Geltung. Er verwirklicht sich gewissermaßen im Kontext der Arbeit, indem er seine Ressourcen, Bedürfnisse und Ziele eigeninitiativ einbringt und weiterentwickelt.

Selbstverwirklichung praktisch gesehen

In diesem Kontext benötigt das Verständnis von Selbstverwirklichung eine Inventur. Wer ihr den esoterischen Beigeschmack einer spirituell getriebenen Selbstfindung nimmt, kommt schnell zu der Erkenntnis, dass Selbstverwirklichung nichts anderes ist als ein reflektiertes Leben, das an den individuellen Stärken, Schwächen und Potenzialen ausgerichtet ist. Ein Leben jedoch, das nicht kollektivem Optimierungszwang und zeitgeistigen Dogmen unterliegt, sondern schlicht dem Zueinanderpassen von Verhalten und Werten. Wunsch und Wirklichkeit als reale

Vorstellung über das, was man möchte, und das, was tatsächlich ist, sind dann die Treiber der Veränderung. Aus der erlebten Diskrepanz zwischen Wunsch und Wirklichkeit resultiert ein belastendes Spannungsverhältnis, das auf zweierlei Art gelöst werden kann: verändern oder akzeptieren. Eine eher bewahrende Persönlichkeit arrangiert sich mit den gegebenen Bedingungen und eine eher gestaltungsorientierte führt aktiv Veränderungen herbei.

Um proaktiv und wertekongruent Absichten und Zielen zu realisieren, ist Achtsamkeit sich selbst gegenüber erforderlich. Mit dem Begriff ist gemeint, aufmerksam und unvoreingenommen zu erspüren, was warum leicht oder schwer von der Hand geht, welche Eitelkeiten warum, wie stark auftreten oder in welchen Situationen die individuellen Stärken und Schwächen förderlich oder hinderlich wirken. Diese innere Transparenz erleichtert es, das Handeln mit persönlichen Werten zu verknüpfen und mit sich im Reinen zu sein. Flankiert mit der Lust am Zusammenspiel mit Mitmenschen und einem gesunden Zutrauen in die eigenen Fähigkeiten resultiert daraus auch Lust am Verändern.

Wie Führen zur Selbstverwirklichung beiträgt

Führen heißt in diesem Zusammenhang, Mitarbeitern Raum zur Selbstverwirklichung und Entfaltung ihrer Ressourcen zu geben.

Damit verschiebt sich die Grundhaltung eines Vorgesetzten vom direktiven zum integrierenden Verständnis seines Auftrags. Er stimuliert seine Mitarbeiter indem er

+ Fragstellungen klärt, um Problemsituationen zu strukturieren,
+ unterschiedliche Sichtweisen integriert, um Perspektivenvielfalt zu ermöglichen,
+ zum Vernetzen verschiedener Problemaspekte animiert, um Abhängigkeiten zu erkennen,
+ Kollaboration fördert, um Know-how zusammenzuführen,
+ strukturelle und informelle Ressourcen bereitstellt, um Eigenverantwortung zu ermöglichen,
+ für die Fehlerhaftigkeit des menschlichen Denkens sensibilisiert, um frühzeitig auf Trugschlüsse aufmerksam zu werden,
+ zum Querdenken ermuntert, um die kreative Zerstörung von Traditionen als Innovationsmotor zu nutzen und
+ Selbstführung praktiziert, um bei Mitarbeitern Lust zur Nachahmung zu wecken.

Warum Selbstführung Wertschöpfung aktiviert – auch die persönliche

Arbeitsverdichtung, Ergebnisverantwortung und Flexibilität in der Entscheidungsfindung oder das immer wieder laut geforderte „Empowerment" bedingen in ihrer schlichten Konsequenz selbstmotivierte und selbstbestimmt handelnde Mitarbeiter. Mitarbeiter, die ihre Stärken und Schwächen als Ressourcen erkennen und sie zum Maßstab ihrer Vorgehensweisen nutzen – frei von Direktiven und geschuldet freiwilligem Erfolgsstreben.

Eine Command- & Controlkultur und die sie verursachende Organigramm-Ideologie passen dabei schon lange nicht mehr in eine auf Erfolg gepolte Organisation. Anspruchsvolle Ziele können leichter mit anspruchsvollen Menschen erreicht werden als mit „gehorsamen" Pflichterfüllern. Diese scheitern spätestens dann, wenn von ihnen eigenständiges, initiatives und leistungsverantwortliches Handeln sowie Ergebnisverantwortung erwartet werden. In flachen Hierarchien und schwierigen Projekten sind das dann die Benchmarks, an denen erfolgreiche sich von weniger erfolgreichen Arbeitsgruppen unterscheiden lassen.

Unabhängig auch davon, dass Aufgaben erst im Zusammenspiel aller individuellen Ressourcen effektiv gelöst werden können und daher Eigenständigkeit erfordern. Eigenständigkeit ist auch ein Grundbedürfnis. Menschen wollen Regie und Kontrolle über ihr Tun übernehmen und nicht fremdgesteuert ihren Aufgaben nachgehen. Sie sind mit ihren Ressourcen die wertbeständigsten „fighter against the enemies" wie Steve Jobs mal die Rolle der Mitarbeiter martialisch veranschaulichte.

Deswegen: Ohne Mitarbeiter, die ihr persönliches „Strickmuster" gut kennen, es zur erfüllenden Maximierung ihres Potentials abrufen und es zu einer gelingenden Selbstentwicklung einsetzen, verlieren Firmen an Effizienz und Effektivität.

Dass spannende Aufgaben ungeheuer motivieren und zufrieden machen, ist eine alte Binse. Wie sieht es aber im Durchschnitt unseres Daseins aus? Trotz hoher Anforderungen, wachsender Gestaltungsmacht und Verantwortung müssen wir über den Tag gesehen eine Menge durchschnittlicher und zum Teil hoch automatisierter Situationen ertragen.

Wer dabei seine Selbstführungsfähigkeit einbringt, ist gut dran: Denn er wird seine Aufmerksamkeit auf die bewusst von ihm zu steuernden Wahrnehmungen und Aufgabenteile richten und sich nicht in diffuser

Unzufriedenheit verlieren. Die wichtigsten Selbstführungsstrategien dazu sind:

- Auf die (wenigen) sinnstiftenden Aufgabenaspekte fokussieren

  (Der Straßenreiniger, der Spaß an seinem Anteil an einer sauberen Stadt hat)

- Tätigkeiten im Ablauf mit verschiedenen Varianten bildlich vorstellen

  (Der Straßenreiniger, der mal mit und mal ohne Hightech-Gerät Laub entfernt)

- Tätigkeiten mit angenehmen Zusatzaktivitäten verbinden

  (Der Straßenreiniger, der freundlich mit Passanten über Umweltschonung parliert)

- Monotone Tätigkeiten mit lustvollen Gedanken flankieren

  (Der Straßenreiniger, der beim Kehren an seinen letzten Skatabend denkt)

- Die Aufgabe zufrieden als erledigt vorstellen

  (Der Straßenreiniger, der sich gedanklich am blank geputzten Gehsteig erfreut)

- Die Kraft des inneren Zwiegesprächs nutzen

  (Der Straßenreiniger, der sich seinen Beitrag zur sauberen Kommune im inneren Monolog erzählt)

- Den Abschluss einer Tätigkeit „feiern“

  (Der Straßenreiniger, der den gefegten Bürgersteig zufrieden als sein Werk betrachtet).

Die bewusste Kontrolle über sein Tun zu übernehmen, bedeutet, sich oberhalb der Bewusstseinsschwelle am Positiven auszurichten und nicht den diffus lauernden Unzufriedenheiten anheim zu fallen. Ein erster Schritt dazu liegt in der Anleitung und Ermutigung zur Selbstführung.

16 Führung durch Selbstführung: die Antwort auf gewandelte Arbeit

Führung, insbesondere im Verständnis eines begeisternden Führungsstils, ist das Korsett einer Organisation in einer komplexen Umwelt mit veränderten Bedürfnissen nach Teilhabe und Mitwirkung. Dazu kommen die unumkehrbaren Trends zum Standardisieren, Automatisieren und Digitalisieren. Genaugenommen sind die Trends schon verbreitete Realität, deren Gemeinschaftssinn noch zusätzlich durch eine zunehmende Individualisierung der Gesellschaft erschwert wird.

Unternehmen reagieren auf diese Herausforderungen mit strategischer Flexibilität, Innovationen und kollaborativen Strukturen. Dafür reicht das klassische ziele- und ergebnisfixierte Führen von Mitarbeitern nicht mehr aus. So müssen etwa der Individualisierungstrend der Gesellschaft mit dem Kollaborationsdruck der Wirtschaft und die Eigenmotivation der Menschen mit dem Anpassungsdruck der Unternehmen übereinander gebracht werden. Das Aktivieren der menschlichen Ressourcen und Motive wird dabei zu einer zentralen Erfolgsgröße und Mitarbeiterführung einer grundlegenden Revision zu unterziehen sein. Wie kaum ein anderer hat dies der Hotelier Bodo Jansen erfahren und umgesetzt:
https://www.youtube.com/watch?time_continue=160&v=EkkSyJVpRiY

Die Revision des Führungsverständnisses

Ein modernes Führen motiviert Mitarbeiter zum selbstinitiierten Wandel und beginnt mit der Fähigkeit des Vorgesetzten zur Selbstführung. Bevor eine Führungskraft andere führt, muss sie sich selbst reflektieren, steuern, motivieren und verändern können. Wenn sie zudem eigene Egoismen erkennt und zurückstellt, gewinnt sie an Glaubwürdigkeit, ihre Macht teilen und Mitarbeiter zur Selbstführung befähigen zu wollen. Ein solches Führungsverständnis geht von der Überzeugung aus, dass der Erfolg einer Organisation nicht auf einigen wenigen Helden beruht, sondern von allen Leistungsträgern verantwortet wird.

Der Fokus von Führung durch Selbstführung liegt daher weniger auf der Führungskraft selbst, sondern auf der Emanzipation der Mitarbeiter von Fremdführung und ihrer Ermächtigung, sich selbst zu führen. Es geht darum, Macht, Einfluss und Verantwortung möglichst breit zu verteilen. Dafür schafft ein Leader die geeigneten Voraussetzungen und verstärkt anlassgerecht das Kompetenz- und Identitätsbewusstsein seiner Mitarbeiter.

Die Begriffe Empowering Leadership, Share Leadership und Super Leadership stehen für diese neue Form von Mitarbeiterführung. Hinter diesem Führungsverständnis liegt die Erkenntnis der Selbstbestimmungstheorie von DECI und RYAN (2008), dass Menschen intrinsisch motiviert sind, wenn sie Autonomie erleben und sich als kompetent wahrnehmen.

Wie Führung durch Selbstführung gelingt

Autonomie zu erleben, ist nicht nur die Folge von erweiterten Handlungsspielräumen, sondern regt Mitarbeiter auch aktiv zum eigenverantwortlichen Handeln an. Um ein Modell selbstverantworteten Handelns abzugeben und dabei auch die vielfältigen Ausrichtungen und die entstehende Dynamik einer gelingenden Selbstführung zu verdeutlichen, lebt der Vorgesetzte seine Form der Selbstführung vor und spricht mit seinen Mitarbeitern darüber.

Das Ziel des Leaders liegt darin, Selbstbestimmung und Autonomie der Mitarbeiter zu erhöhen, Macht zu teilen und strukturiert als positives Rollenmodell zu agieren. Er baut damit bei seinen Mitarbeitern Zuversicht und Vertrauen in die eigenen Kräfte auf, sich zu verändern und zu entwickeln. Er führt nicht direktiv, sondern coachend und positiv verstärkend.

Auf dieser Grundlage demonstriert die Führungskraft authentisch und überzeugend als Rollenmodell die Vorteile und die Effekte eines selbstgesteuerten Verhaltens. So ermutigt sie Mitarbeiter, eigene Ziele zu setzen, in Chancen und Ergebnissen zu denken und individuelle Selbstführungsfähigkeiten zu entwickeln. Damit sind die nötigen Voraussetzungen gegeben, im Team Selbstführung zu praktizieren und schrittweise eine förderliche Kultur dafür zu entwickeln.

MANZ und SIMS (1991) beschreiben dafür ein siebenstufiges Prozessmodell, das die Aktionsfelder beschreibt, mit denen Führungskräfte ihre Mitarbeiter zur Selbstführung anregen (siehe untenstehende Abbildung):

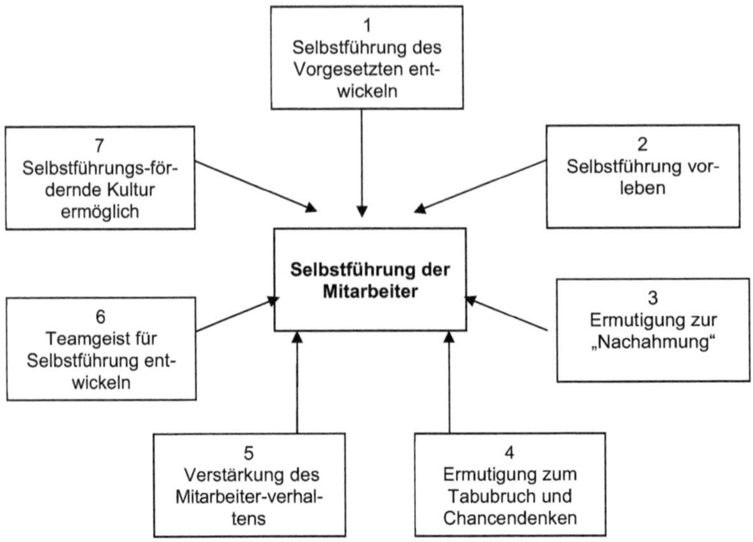

Abb.: Führung durch Selbstführung

Führung durch Selbstführung wirkt

Führung durch Selbstführung führt zu einem sozial erwünschten System der gegenseitigen Kontrolle. Daraus resultiert eine Vielzahl von Auswirkungen auf die Gruppe und die leistungsbezogene Zusammenarbeit. So konnten in schnell wachsenden Start-up Unternehmen die Teamleistung und Arbeitszufriedenheit durch Führung durch Selbstführung deutlich erhöht werden.

Das System der gegenseitigen Kontrolle übt einen starken Einfluss auf die Unterdrückung unethischer Verhaltensweisen aus und verringert das Korruptionspotenzial einer Organisation. Beispielsweise beschreibt Clement (2006), dass 40 der 100 umsatzstärksten globalen Unternehmen von Verhaltensweisen berichten, die als unethisch bezeichnet werden können. Er geht davon aus, dass mit Führung durch Selbstführung die Dominanz des persönlichen Nutzens deutlich verringert wird und zu einem selbstverantwortlichen Handeln motiviert.

Eigene Untersuchungen belegen darüber hinaus, dass Selbstführung den Know-how-Transfer und die Wissensteilung begünstigt und einen positiven Einfluss auf die Innovationsfähigkeit eines Teams ausübt.

Ferner verstärkt es die erlebte Selbstwirksamkeit sowohl des einzelnen als auch des Teams.
Müller und Braun (2009, S. 120 ff.) führen an, dass „Super-leader“ kreativen Ideen gegenüber aufgeschlossen sind und Mitarbeiterinitiativen am Arbeitsplatz unterstützen. Sie bauen bei ihren Mitarbeitern Zuversicht und Vertrauen auf, sich zu verändern. Damit weist Führung durch Selbstführung Überschneidungen mit „personell mastery“ auf, wonach Führungskräfte und Mitarbeiter durch gemeinsame eigene Weiterentwicklungen Organisations- und Kompetenzveränderungen herbeiführen.

In mehreren Untersuchungen konnten wir immer wieder feststellen, dass Führungskräfte, die Selbstführung als Grundhaltung angenommen haben, auch schwierige Situationen meistern. Dies hat u. a. damit zu tun, dass sie nicht nur stark an sich glauben und damit ihre unbewusst schlummernden Potenziale aktivieren. Sie setzen auch vorbehaltlos das außerhalb ihrer Ressourcen liegende Erfahrungswissen etwa von Mitarbeitern und Kunden zur Lösung von Problemen ein.

Charakteristika der Führung durch Selbstführung

Die positive Grundhaltung des Vorgesetzten dieser Führungsform gegenüber ist eine notwendige Basis für sein Führungsverhalten, das den Kulturwechsel repräsentieren und glaubwürdig vermitteln soll. Kultur entsteht nicht per Akklamation, sondern situativ und schrittweise, um Mitarbeiter vor Überforderung zu schützen.

Den Übergang von Fremdführung zur Selbstführung anhand spezifischer Verhaltensweisen der Führungskraft (FK) kann man so illustrieren:

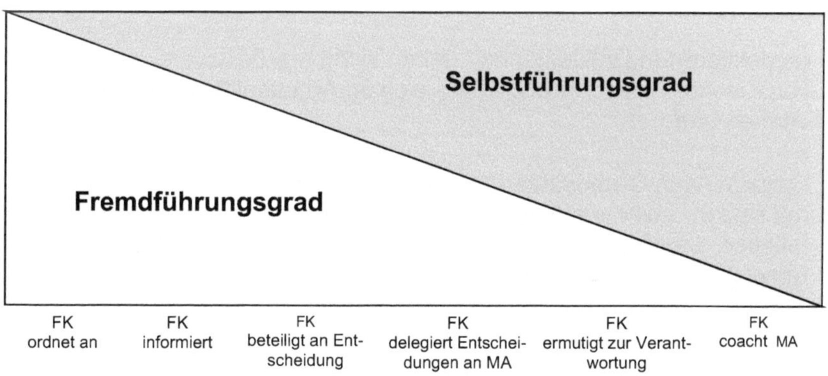

Der Selbstführungsgrad erhöht sich umso mehr, je mehr Vertrauen entsteht und Mitarbeiter nicht nur den Sinn ihrer Arbeit erleben, sondern die Erfolge ihrer Tätigkeit mit ihrer Kompetenz und Persönlichkeit verbinden können. Für solche Selbst-Attributionen liefert eine gekonnte Selbstführung des Vorgesetzten die erforderlichen Beispielfolien.

Führungskräfte, die Führung durch Selbstführung praktizieren,

- besitzen Selbstwirksamkeit, Delegationsbereitschaft, Unternehmergeist und kommunikative Flexibilität,

- regen durch Fragen an, selbst Lösungen für Probleme und Aufgaben zu finden,

- teilen ihre Macht und vermitteln authentisch, dass Mitarbeiter für alle in ihrem Aufgabenbereich anfallenden Tätigkeiten entscheidungsbefugt und verantwortlich sind,

- ermutigen ihre Mitarbeiter, sich anspruchsvolle Leistungsziele zu setzen. Sie würdigen und verstärken positiv, wenn Mitarbeiter Engagement zeigen und sich anstrengen, ihre Ziele zu erreichen. Auch Fehlern und Rückschlägen gegenüber sind sie tolerant und begreifen sie als Lernchance,

- bewegen zu mehr Eigeninitiative, sich selbst zu führen, indem sie Aufgaben und Gestaltungsfreiräume dafür schaffen, die intrinsisch motivieren,

- erwarten Eigeninitiative, regen zur Selbstreflexion an und bauen Vertrauen auf, damit ihre Mitarbeiter auch ambitionierte Ziele ohne Versagensängste annehmen,

- respektieren Individualität und geben sichtbare Beispiele, wie sich kompetente Selbstführung erfolgreich im Arbeitsalltag auszuwirken vermag und

- handeln nach Grundsätzen, wonach Mitarbeiter lernfähig und lernbereit sind und weder ständig bevormundet noch eng kontrolliert werden müssen. Sie sind zudem überzeugt, dass ihre Hilfestellung bei der Entwicklung von Mitarbeitern letztlich allen zugutekommt, und dass auch sie selbst profitieren, wenn sie offen für Rückmeldung und Lernanstöße aus dem Mitarbeiterkreis sind.

Vorgesetzte müssen gerade in der ohnehin unumkehrbar stattfindenden technischen Transformation von Prozessen und Geschäftsmodellen auch die Transformation der Kultur und der Arbeit herbeiführen. Durch

Inspiration der Mitarbeiter und als Vorbild für selbstgesteuertes Verhalten vermitteln sie explizit die damit einhergehenden Chancen für ein positives Zukunftsbild des Unternehmens.

Schlussendlich schafft Führung durch Selbstführung eine zur technischen Transformation passende kulturelle.

Literatur

Braun, W. (2010)
Die Psychologik des Entscheidens. Fallstricke, Strategien und Techniken im Umgang mitschwierigen Situationen. Bern, Göttingen

Clement, R. W. (2006)
Just how unethical is American business? BusinesHorizon, 49, 313 - 327

Deci, R. & E.L., Ryan, R.M. (2008)
Selfdetermination Theory: A Macrotheory of Human Motivation, Development, and Health. In: Canadian Psychology 49. 182 – 185

DAK, Forsa-Studie (2017)
DAK-Gesundheitsreport 2017. Deutschland schläft schlecht. Hamburg

Dörner, D. (2003)
Die Logik des Misslingens. Strategisches Denken in komplexen Situationen. Reinbek

Matzler, K., Bailom, F., v. d. Eichen, F., Anschober, M. (2016)
Digital Disruption. Wie Sie Ihr Unternehmen auf das digitale Zeitalter vorbereiten. München

Müller, F., Braun, W. (2009)
Selbstführung. Wege zu einem erfolgreichen und erfüllten Berufsleben. Bern, Göttingen

Manz, C., Sims, H. (1991)
Superleadership: Leading others to lead themselves. Berkley

Rosa, H. (2005)
Beschleunigung. Die Veränderung der Zeitstruktur in der Moderne. Frankfurt

Sandel, M.J. (2008)
Plädoyer gegen die Perfektion. Berlin

Weeß, G. (2016)
Die schlaflose Gesellschaft. Stuttgart

Welzer, H. (2013)
Selbst denken. Eine Anleitung zum Widerstand. Frankfurt

MIX
Papier aus verantwortungsvollen Quellen
Paper from responsible sources
FSC® C105338

Printed by Books on Demand GmbH, Norderstedt / Germany